„Das Leben ist nicht dazu da,
um aufgespart zu werden."

Jack London

Fotos: Jack Lange und Nicolas Vanier sowie Laurent Dick, Thierry Malty und Fred Blanc

Titel der Originalausgabe: *Un hiver sur les traces de Jack London*

Bonner Str. 126
D-50968 Köln
Übersetzung aus dem Französischen:
Charlotte Ronsiek für Delius Producing Berlin
Redaktion und Satz: Delius Producing Berlin/Julia Niehaus
Herstellung: Ursula Schümer
Druck und Bindung: Sing Cheong Printing Co., Ltd.
Printed in Hong Kong, China
ISBN 3-8290-1433-3

10 9 8 7 6 5 4 3 2 1

Nicolas Vanier

Ein Winter im Eis

Auf den Spuren von Jack London

KÖNEMANN

YUKON RIVER
Eagle Summit
CIRCLE
CENTRAL
Biederman's
ANGEL
FAIRBANKS
North Pole
American Summit
EAGLE
Forty Mile
DA
TAYLOR HIGHWAY
YUKON RIVER
ALASKA
ALASKA HIGHWAY
PAZIFISCHER OZEAN
P.V.

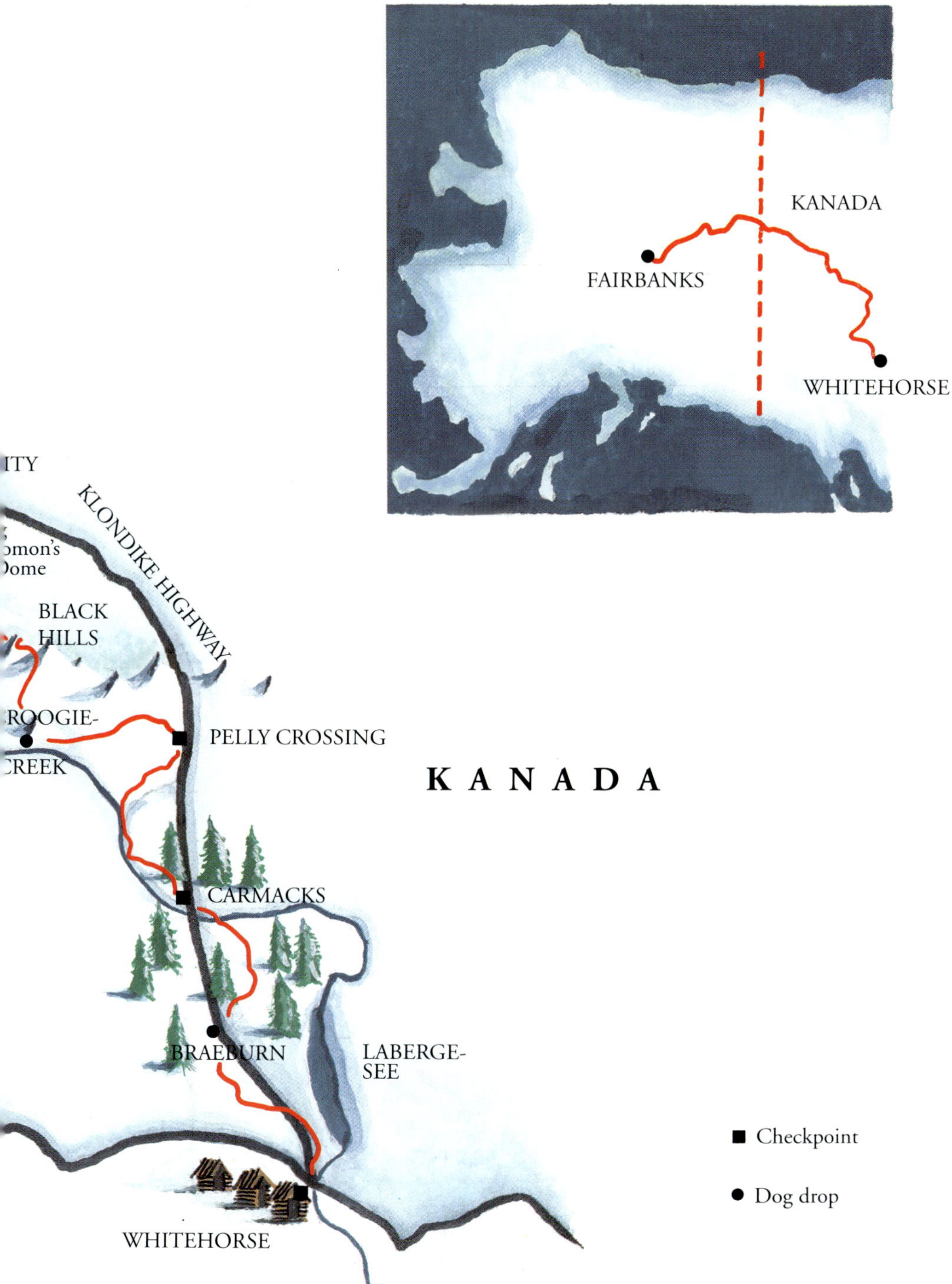
KANADA
FAIRBANKS
WHITEHORSE
KLONDIKE HIGHWAY
BLACK HILLS
PELLY CROSSING
K A N A D A
CARMACKS
BRAEBURN
LABERGE-SEE
WHITEHORSE
■ Checkpoint
● Dog drop

Inhalt

FULDA
1897
1897
THE JOURNEY BEGINS
KLONDIKE
1897
THE JOURNEY BEGINS
KLONDIKE

Übler Start

Nicholas Vanier mit der Rückennummer 27, einige Sekunden vor dem Start des Yukon-Quest-Rennens.

Dieser Start paßt überhaupt nicht zu uns. Meine Hunde und ich sind derartige Menschenmengen nicht gewöhnt. Bisher waren wir allein. Allerhöchstens kamen mal ein, zwei Freunde vorbei, um uns Glück zu wünschen. Heute sind Tausende von Leuten aus ganz Kanada und Alaska gekommen, um den Start des Yukon-Quest-Rennens mitzuerleben.

Die Lautsprecherstimmen brüllen meinen Namen und die meiner Hunde. Sie geben eine Zusammenfassung unserer Reisen und heben besonders jene Expedition hervor, die Diane und ich mit unserer damals anderthalbjährigen Tochter, das Schneekind genannt, unternommen haben.

Die Menge macht einen entsetzlichen Lärm, und die Horde von Journalisten, Fotografen, Kameramännern und Tontechnikern, die sich gegenseitig auf die Füße treten, versperrt mir die Sicht auf die Piste.

„One, two, three – go!"

Und los geht's! Die Hunde laufen sofort los, während sie vom Publikum angefeuert werden. Der Enthusiasmus ist groß: ein Franzose am Start des schwierigsten Schlittenhunderennens der Welt bleibt nicht unbemerkt, vor allem nicht mit Hunden wie meinen.

Trotz der lärmenden Menge, klackender Kameraverschlüsse und zuckender Blitze legen die Hunde einen Start hin wie im Bilderbuch: schön hintereinander, alle Leinen gespannt, tadellos. Zum Glück, denn selbst wenn ich schreien würde, könnten mich Wolk und Nanook, die das Gespann anführen, nicht hören.

Und dennoch ist es ein übler Start: Seit einer Stunde mache ich mir nämlich große Sorgen. Während ich, umgeben von Freunden und Journalisten, meine Hunde vorbereitet und den Schlitten beladen habe, ist Montaine verschwunden. Meine Freunde machen sich auf die Suche nach ihr, und ich stehe plötzlich allein da, um all das zu tun, was zu mehreren geplant war: Ich bin also spät dran. Ich soll um 14.54 Uhr starten, und wenn das Gespann nicht um 14.56 losgefahren ist, werden wir disqualifiziert.

Seit zwei Jahren bereiten wir uns auf dieses Rennen vor!

Ich werde schier wahnsinnig bei der Vorstellung, daß mein vierjähriges Töchterlein weinend in der Menge umherirrt. Ich frage überall nach ihr. Man versucht, mich zu beruhigen.

„Mach dir keine Sorgen, sie ist bestimmt bei Zelda", wiederholt Jérôme.

Das sagt sich leicht. Ich kann nur warnen: „Zehn Kilometer von hier fahren wir unter einer Brücke durch. Ich will dort jemanden sehen, der mir sagt, ob Montaine wieder da ist. Wenn nicht, breche ich sofort alles ab." Mein Magen krampft sich zusammen. Ich habe das unwiderstehliche Bedürfnis, meine kleine Prinzessin zu umarmen. Und Diane steht die Angst ins Gesicht geschrieben.

Plötzlich begegnet mein Blick dem meiner Tochter, die winkend mitten in der Menschenmenge steht und mich anfeuert: „Papa! Papa! Papa!" Meine Hunde laufen im Galopp, und ich habe nur eine halbe Sekunde Zeit, Montaine etwas zuzurufen. Mir kommen die Tränen. Und endlich lächle ich der Menschenmenge zu, die die Piste säumt und uns Glück wünscht.

Einen Kilometer weiter verlassen wir Whitehorse und fahren zum Yukon hinunter. Das Publikum wird weniger. Endlich kann ich mit meinen Hunden sprechen.

„Gut so, Wolk! Weiter, weiter! Auf geht's, Yap!"

Wolk führt das Gespann an und folgt der Piste, die durch fluoreszierende Plastikstückchen, die an kleine, rot-weiß gestrichene Pflöcke genagelt sind, markiert ist.

ENTFERNUNG ZWISCHEN DEN CHECKPOINTS

von Whitehorse bis Carmacks:	240 km
von Carmacks bis Pelly Crossing:	128 km
von Pelly Crossing bis Dawson City:	384 km
von Dawson City bis Eagle:	240 km
von Eagle bis Circle City:	288 km
von Circle City bis Central:	136 km
von Central bis Angel Creek:	128 km
von Angel Creek bis Fairbanks:	176 km
insgesamt	**1720 km**

Die Hunde sind dermaßen überdreht, daß sie gezügelt werden müssen.

Die Spannung hat ihren Höhepunkt erreicht.

Hinter uns wird das Getöse der Stadt leiser.

Das Los hat mich zum Vorletzten bestimmt: zum 27. von 28 Teilnehmern. Ich starte also 54 Minuten später als die Nummer eins. Diese Zeit wird mir auf halber Strecke, in Dawson, wieder dazugerechnet. Ich bin zufrieden mit der Entscheidung des Loses. Ich werde es langsam angehen lassen, so wie ich es mir vorgestellt habe, ohne zu hetzen. Ich halte am Rand der Piste an, um meinen Hunden zu gratulieren.

Andere haben mit ihren Gespannen nicht so viel Glück gehabt und sind in den großen Schneeverwehungen am Streckenrand gelandet oder gar nicht erst losgekommen, weil sich die Hunde vor lauter Angst vor der unüberschaubaren Menschenmenge nicht vom Fleck gerührt haben.

Nummer 28 überholt mich. Nun bin ich letzter und froh darüber. Für meine arktischen Hunde ist es zu heiß. Ihr Fell ist dreimal so dick wie das der Alaskischen Schlittenhunde, die von allen anderen Teilnehmern eingesetzt werden. Diese Tiere wiegen durchschnittlich 25 Kilogramm. Eigentlich ist es gar keine richtige Rasse, vielmehr das Ergebnis von wohlbedachten Kreuzungen verschiedener Rassen – nicht unbedingt Schlittenhunderassen, also beispielsweise Kreuzungen zwischen Huskies und Windhunden. Seit diese Mischlinge im Jahre 1987 erstmals aufgetaucht sind, zeigen sie sich

Folgende Seiten: Frank Turner ist der große Star des Rennens.

MMUNICATIONS
YUKON QUEST
FULDA
WES

KON QUEST
MARK Fairbanks
KON QUEST

Das Rennen beginnt mitten in der Stadt Whitehorse. Die Zuschauer kommen von überall her: aus Kanada, Alaska und aus den Vereinigten Staaten.

als wahre Champions mit erstaunlichen Leistungen bei Langstreckenrennen.

Warum nehme ich also mit meinen 45 Kilogramm schweren Hunden an diesem mehr als 1600 Kilometer langen Rennen teil? Ich, der ich mir gerne Zeit lasse, gerne die Landschaft betrachte, gerne Tierfährten folge, gerne mit den Leuten spreche, die mir begegnen? Ich, der ich mir zur Devise gemacht habe: „Auf Reisen gewinnt man nur die Zeit, die man auf dem Weg verloren hat."

Warum?

Das ist eine lange Geschichte.

DIE ENTSTEHUNG DER SCHLITTENHUNDERENNEN

Einer der berühmtesten Leithunde in ganz Alaska war Baldy. Er überschritt als erster die Ziellinie des allerersten Schlittenhunderennens, das 1907 in Nome stattfand.
Das elf Kilometer lange Rennen wurde von einer Gruppe von Kindern veranstaltet. Gewinner war der Sohn von Scotty Allan. Man nannte Scotty „den König der arktischen Pisten", weil er die nordischen Hunde so gut kannte. Die Kinder organisierten weitere Rennen, und die Erwachsenen kamen gerne dazu, um zuzuschauen. In Nome, wo das Leben recht gleichförmig verläuft, war jede Abwechslung willkommen.
Eines Tages kam Scotty Allan auf die Idee, ein sehr viel längeres Rennen auszutragen, das vor allem die Kondition der Hunde, weniger ihre Schnelligkeit auf die Probe stellen sollte. Er konnte einen Rechtsanwalt für das Projekt begeistern, der einen Förderverein gründete: den „Nome Kennel Club".
Man einigte sich auf eine Strecke von 600 Kilometern, hin und zurück zwischen Nome und Candle. Das Rennen bekam den Namen „All Alaska Sweepstakes". Am Tag vor dem Start, im April 1908, fieberte ganz Nome dem Rennen entgegen. Man sprach über nichts anderes mehr, und ganz Alaska zitterte mit den Gespannen, bis sie fünf Tage später das Ziel erreichten.
Das Schlittenhunderennen war geboren.

Otchum

Mein Hund Otchum ist verdientermaßen berühmt geworden. „Dieser Hund ist ein toller Kerl“, so hat es Jean-François Chaigneau in der Zeitschrift *Paris Match* formuliert. Wie wahr.

Mit Otchum habe ich Sibirien, die Rocky Mountains, das Yukon-Territorium, Alaska und Lappland durchquert.

Ich begegnete ihm das erste Mal in Sibirien, am Ufer des Baikalsees. Er war erst ein paar Monate alt, als ein Trapper ihn mir schenkte. Ein Laika, eine Art Jagdhund für Hetzjagden im Schnee, um Zobel, Wolwerinen und Bären nachzusetzen. Otchum hätte niemals Schlittenhund werden sollen.

Wir bereiteten uns zu dritt mit 28 pelzigen Kameraden darauf vor, 3000 Kilometer Sibiriens im kältesten Winter zu durchqueren. Eines Tages spannten wir ihn einmal versuchsweise ein. Und zu unserer großen Überraschung begann er sofort zu ziehen, als hätte er sein Leben lang nichts anderes getan.

Obwohl er mit seinen sieben Monaten noch zu jung war, beschlossen wir, ihn mitzunehmen. Während dieser schwierigen Monate bei durchschnittlich -50 °C hat Otchum uns immer wieder erstaunt – und am Ende der Expedition war er es, der das Gespann anführte! Eine unglaubliche Leistung für einen Hund dieses Alters.

Die anderen Hunde kehrten anschließend allesamt nach Frankreich zurück, um in den Alpen, wo wir sie auch für diese Winterexpedition trainiert hatten, die wohlverdiente Ruhe zu genießen. Nur Otchum und ich setzten die Durchquerung Sibiriens noch mehr als ein Jahr lang fort: mit Ponys, dann mit Rentieren und schließlich im Kanu.

Als wir wieder in Frankreich waren, heirateten wir – jeder für sich! Ich heiratete Diane, mit der ich Montaine und Loup bekam. Er heiratete Ska, eine schöne Grönländerin mit goldenen Augen, die ihm neun Söhne und eine Tochter gebar. Ich habe wahnsinniges Glück gehabt. Niemand wußte nämlich, was bei dieser Kreuzung

Folgende Seiten: *Mit den Ponys auf der zugefrorenen Lena in Sibirien.*

Ska ist die Mutter meiner Hunde. Hier sieht man sie mit ihrem ersten Wurf: Torok, Wolk, Baikal und Nanook.

Nach einer einjährigen Reise mit der ganzen Familie erreichen wir Dawson.

zwischen einem Laika und einer Grönländerin herauskommen würde. Die Welpen waren prächtig, „gut geraten", wie es im Jargon der Musher (der Hundeschlittenführer) heißt.

Aber würden sie auch gut ziehen?

Bereits nach vier Monaten war zu sehen: Diese Hunde waren schnell und stellten sich vor allem als sehr ausdauernd heraus. Mit Jérôme, der die Hunde im Hohen Jura versorgt, aufgezogen und trainiert hatte, durchquerten wir Lappland von Norwegen über Finnland bis zur Kola-Halbinsel.

Das von Otchum angeführte Gespann legte trotz einer 150-Kilogramm-Last Etappen von 80 Kilometern Länge zurück.

Ich war überglücklich.

Dann lebte ich mit Diane und Montaine ein Jahr lang in den Rocky Mountains.

Um nach Dawson, der letzten Etappe unserer Expedition, zu gelangen, legten wir mehr als 700 Kilometer auf der Piste des Yukon-Quest-Rennens zurück. Es gibt nur diese eine Route. Es ist der Weg, dem die Goldsucher am Klondike vor einem Jahrhundert folgten. Jack London war auch unter ihnen und hat der ganzen Welt in mitreißenden Erzählungen – darunter die berühmten Romane *Wolfsblut* und *Ruf der Wildnis* – von deren Leben berichtet.

Die Söhne von Otchum waren damals zwei bzw. drei Jahre alt, da sie aus drei verschiedenen Würfen stammten, und hatten bereits mehr als 5000 Kilometer hinter sich.

Auf der legendären Rennpiste ertappte ich mich dabei, wie ich unsere Zeiten von einem Ort zum anderen stoppte und sie mit den Zeiten der besten Musher der Welt verglich. Wir waren zu dritt auf dem Schlitten: Montaine, gemütlich in ihre Pelze gehüllt, und Diane und ich hinten auf den Kufen des Schlittens stehend, der mit über 250 Kilogramm Lebensmitteln und Ausrüstung beladen war. Und doch kamen wir ganz schön schnell voran – das brachte mich auf eine Idee: Warum nicht wir?

Eine Begegnung in Dawson tat ihr übriges: Ich lernte Frank Turner kennen, Sieger des Rennens in jenem Jahr, Rekordhalter und einziger Musher, der seit 13 Jahren an allen Yukon-Quest-Rennen teilgenommen hatte. Ein wahrer Held auf den Pisten im Eis.

„Komm zu mir, da kannst du alles lernen, und wir können zusammen trainieren."

Lernen?

In 15 Jahren bin ich in der nördlichen Hemisphäre viel herumgekommen und habe alle möglichen Abenteuer erlebt. Mein Erfahrungsschatz ist so groß, daß ich beispielsweise auch bei -50 °C ganz sicher mit einem anderthalbjährigen Mädchen auf dem Schlitten über ein unvollkommen zugefrorenes Flußbett reisen kann. Aber ehrlich gesagt, empfinde ich nach mehreren zehntausend Kilometern in der Wildnis, die ich auf alle möglichen Arten, zum Beispiel auf Packeis, zugefrorenen Flüssen, in Bergen oder Wüsten zurückgelegt habe, eine Art Stagnation, zumindest technisch gesehen. Wenn ich ein Rennen wie dieses mitmache und, vor allem, wenn ich das Glück habe, mich mit einem der Besten darauf vorzubereiten, werde ich viel lernen.

Frank Turner ist einer der besten Musher der Welt und Rekordhalter des Yukon-Quest-Rennens.

Und außerdem habe ich das Gefühl, daß dieses weltweit einzigartige Rudel Großes leisten kann.

„O.k., Frank, in zwei Jahren bin ich am Start."

Da ich immer alles gründlich mache, will ich, daß die Hunde ein ganzes Jahr lang im Hohen Norden trainieren und vor dem Yukon-Quest wenigstens an einem großen Rennen teilnehmen.

Wir kehren nach Frankreich zurück. Dort kommt es zum Schlimmsten, zu einem Kampf zwischen Otchum und seinen Söhnen, die ihn zu mehreren töten. Wenn sie kämpfen, sind sie wie Wölfe. In weniger als einer Minute war alles vorbei. Wir hatten nicht einmal Zeit einzugreifen.

Meine Traurigkeit verbietet es mir, darüber zu sprechen, wie unglücklich wir über den Verlust dieses Gefährten waren, der uns mehrmals das Leben gerettet hatte, beim Verlust dieses Freundes, mit dem zusammen wir so viel erlebt hatten.

Die Natur ist kein Märchen.

Ich konnte die Hunde einen Monat lang nicht sehen. Ich brauchte einfach Zeit. Aber Diane und ich wissen auch, daß sie nicht wirklich für dieses Drama verantwortlich sind. Dieser Hund war einfach zu anders. Wie sehr ich das selber empfand, zeigte meine Antwort auf die Frage, wieviel Hunde ich hätte: „Zehn Hunde und Otchum."

Gegen Ende der Reise konnte Montaine den vor den Schlitten gespannten Otchum allein führen.

Das hat das Rudel nicht akzeptiert. Er vereinigte zu viele Qualitäten. Er war der Anführer, der Leithund und vor allem unser Liebling, auch wenn wir immer versucht haben, dies nicht zu zeigen. Aber Tieren kann man nichts vormachen.

Was hätte man tun können, um dieses Unglück zu vermeiden?

Es nützt nichts, diese tiefe Wunde immer wieder aufzureißen.

Als ich das Rudel im Hohen Norden von Quebec wiedersehe, wo Jérôme bereits mit dem intensiven Training begonnen hat, habe ich keine Vorbehalte ihnen gegenüber mehr. Ich habe meine Selbstvorwürfe eingestellt und meine Trauer bewältigt.

Von Otchum sind Erinnerungen an eine schöne und außergewöhnliche Zeit geblieben.

Er ist hier, bei mir, immer.

Folgende Seiten: Die ganze Meute mit Otchum an der Spitze.

Das Training

In Frankreich kann man kein Rudel von elf Hunden für ein 1600 Kilometer langes Rennen trainieren, auch nicht in den Bergen. Das hängt mit der Temperatur, der Piste, mit allem zusammen ...

Es dürfte zwar möglich sein, eine Strecke von 80 Kilometern zurückzulegen, ohne anzuhalten. Man braucht aber auch mindestens -20 °C und außerdem mehrere unterschiedliche Pisten, sonst wird es den Hunden schnell langweilig. Im Winter davor sind die Hunde mehr als 5000 Kilometer gelaufen, wobei die im August, September und Oktober im Jura vor dem Quad (einem vierrädrigen Motorrad) zurückgelegten Kilometer noch nicht einmal eingerechnet sind. Die Langstrecke ist für sie zum Beruf geworden.

Entlang der Yukon-Quest-Piste liegen viele märchenhafte Landschaften. Aufgrund ihrer Beschaffenheit und des Klimas eignet sie sich hervorragend für das Training mit den Hunden.

Das Schwierigste ist natürlich nicht, möglichst viele Kilometer zu schaffen, sondern sie vor allem so schnell wie möglich zurückzulegen. Dafür müssen die Hunde körperlich in Form sein, das Wichtigste aber ist ihre seelische Verfassung.

Ein Schlittenhund zieht ebenso gern einen Schlitten wie ein Jagdhund gerne jagt. Diese Lust muß aufrechterhalten werden. Die Kanadier nennen das den *will to go*. Die Hunde müssen diesen Spaß, den sie auf der Piste haben, behalten, egal wie weit und wie oft sie pro Woche raus müssen (meistens siebenmal). Entscheidend ist also, daß sich Musher und Hunde verstehen. Das Ziehen muß ein Spiel sein, solange der Hund keine Fehler macht. Unter Umständen notwendige Zurechtweisungen müssen mit großem Geschick erteilt werden.

Es ist erstaunlich, wie sich das Tempo verringert, wenn der Musher, aus welchem Grund auch immer, nicht in Form ist. Bemerkt der Musher es selbst, wird er versuchen, das Tempo zu steigern. Doch das mögen die Hunde überhaupt nicht und werden noch langsamer. Das ist also unbedingt zu vermeiden. Hält man aber ein

DIE ERKUNDUNG DER POLE

Man kann unmöglich von Langstrekkenrennen mit Schlittenhunden erzählen, ohne die Reisen zu den Polen zu erwähnen, die der Schauplatz der wohl außergewöhnlichsten, aber auch tragischsten Rennen waren, die je von Menschen und Hunden ausgetragen wurden. Man muß tatsächlich von Rennen sprechen, denn es gab mehrere Konkurrenten, die die Pole zuerst erreichen wollten. Das Proviant- bzw. Gewichtsproblem ließ sich nur auf eine einzige Art lösen: so schnell wie möglich zu fahren und dadurch so wenig wie möglich zu brauchen. Jeder verfolgte seine eigene Strategie, aber es zeigte sich, daß der Erfolg der Polarexpeditionen sehr stark von den Hunden abhing. Ohne sie hätten Robert Peary und Frederick Cook den Nordpol bzw. Roald Amundsen den Südpol nie erreicht.

bestimmtes Tempo während mehrerer Dutzend Trainingsläufe ein, behalten die Hunde es schließlich bei.

Für die Geschwindigkeit ist alles wichtig: der Schlitten, die Qualität der Kufen und deren Gleitfähigkeit, das jedem Hund speziell angepaßte Zuggeschirr, die Bremse, die Zugleinen usw.

Damit kann man einen halben Kilometer pro Stunde gewinnen oder verlieren. Bei einem Rennen von 1600 Kilometern macht das eine ganze Menge aus!

Kurzum, es darf nichts, aber auch gar nichts dem Zufall überlassen werden. Das Rennen ist ein Beruf geworden: 350 Tage im Jahr, mit mehr als 100 Hunden „im Rennstall". Da ist kein Platz mehr für Träumer und Trapper. Nachdem ich beides so lange war, versuche ich nun, so professionell wie möglich zu sein. Ich will dieses Rennen nicht als Statist bestreiten.

Jérôme und ich beginnen, die Kniffe des Berufes zu lernen. Am Ende des Winters legen die Hunde ein 300 Kilometer langes Rennen in etwa 30 Stunden zurück. Das ist ein guter Anfang.

Sie kehren per Frachtflugzeug nach Frankreich zurück. Inzwischen kennen die Hunde das *Air-Canada*-Personal recht gut – und umgekehrt! Ab Juli werden sie vor das Quad gespannt und traben mit größter Freude die Forstwege des Hohen Jura entlang.

Zurück in Kanada, können sie bereits Ende November damit beginnen, täglich ein 30-Kilometer-Training zu absolvieren.

Frank Turner, bei dem wir wohnen, findet, daß unsere Hunde schnell sind. Nun, wir halten einen Durchschnitt von zehn Meilen pro Stunde, das sind etwa 16 Stundenkilometer. Die „Formel-1-

Im Sommer trainiert Jérôme Allouc die Hunde jeden Morgen auf den Hochplateaus des Jura.

Hunde" von Frank liegen bei elf bis zwölf Meilen pro Stunde. Im Quest-Rennen sollte man, wenn man sich Chancen ausrechnet, durchschnittlich 150 Kilometer in 24 Stunden zurücklegen.

Noch vor sechs oder sieben Jahren wurde dazu ein Rhythmus von vier Stunden Marsch, vier Stunden Ruhe eingehalten. Ruhe nur für die Hunde, denn der Musher muß sie füttern, Wasser bringen, die Pfoten versorgen, den Schlitten reparieren, die nächste Etappe vorbereiten usw.

Doch die Musher haben diesen Rhythmus verändert: Inzwischen sind es sechs bis acht Stunden mit einigen extremen Etappen von zehn bis zwölf Stunden Marsch. Zu Beginn des Rennens versucht man, ein ausgewogenes Verhältnis zwischen Ruhe und Marsch beizubehalten, und wenn die Kondition des Gespanns es erlaubt, steigert man die Marschzeiten und verringert die Ruhepausen. Das Ziel ist natürlich, so viele Kilometer wie möglich in einer Stunde Marsch zurückzulegen. Alles ist eine Frage der Dosierung, der vorausschauenden Dosierung.

Die Fähigkeit der Hunde, sich zu erholen, ist ebenso wichtig wie ihre Geschwindigkeit. Allerdings wissen weder Frank noch ich Genaueres über den Verlauf der Regenerationsphase bei meinen Hunden. Erholen sie sich besser oder weniger gut als die Alaskischen Schlittenhunde?

Folgende Seiten: Die Hunde müssen etwa zehn Befehlen aufs Wort gehorchen, darunter auch das unvermeidliche „Sitz!".

Im November sagt Frank: „Eins ist sicher, bei großer Kälte hast du alle Chancen. Bei sehr großer Kälte, bei mehr als -45 °C, bezweifle ich, daß es auch nur ein Gespann des ganzen Quest-Rennens mit dir aufnehmen kann. Bei normaler Temperatur, zwischen -20 °C und -40 °C, hängt alles davon ab, wie schnell sich deine Hunde erholen. Das ist die Unbekannte. Bei über -20 °C hast du keine Chance mitzuhalten! Du hast also einen Trumpf. Du kennst die Kälte sehr gut, den Norden im allgemeinen, und du bist sehr ausdauernd. Jetzt mußt du nur noch lernen, schneller zu werden, jede Bewegung zu optimieren und Kraft zu sparen.“

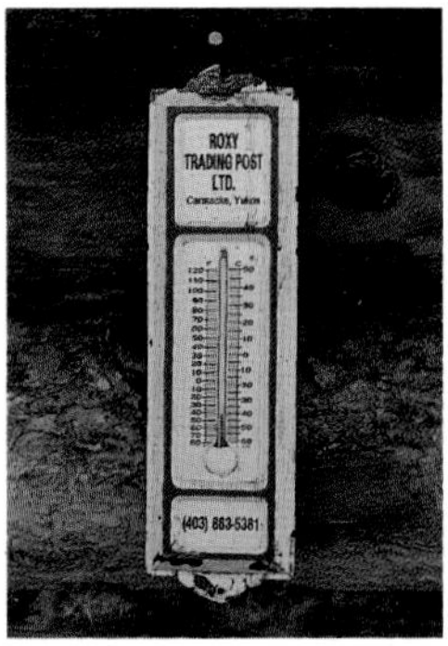

Ich stelle sehr viele Fragen, und Frank erklärt mir alles, gibt mir Tips. Ich lerne. Da unsere Freundschaft auf einer Art gegenseitiger Bewunderung beruht, können wir frei von unseren unterschiedlichen Erfahrungen sprechen. Es ist sehr bereichernd, vor allem für mich. Ich lerne mehr von Frank als er von mir. Um diesen Unterschied wieder auszugleichen, soll ich ihn eines Tages mit in die Berge nehmen, in die Wildnis, weit ab von Checkpoints und markierten Pisten.

Aber Alaskische Schlittenhunde, diese wahren „Formel-1-Hunde“, schnell und empfindlich, haben wirklich nicht mehr viel mit richtigen Schlittenhunden zu tun. Sind sie überhaupt noch in der Lage, einen 300 Kilogramm schweren Schlitten monatelang durch tiefen Schnee zu ziehen?

Das bezweifle ich.

Die Schneefamilie

Unterwegs mit der ganzen Familie. Diane und ich stehen auf den Kufen. Montaine und Loup sitzen auf dem Schlitten.

Es ist ein wunderbarer, sonniger Tag, -30 °C ohne Wind, ideal. Was gibt es Schöneres, als das Training meiner Athleten mit einem netten Familienausflug in die wilden Täler der Rocky Mountains zu verbinden? Heute ziehen wir zum ersten Mal alle vier gemeinsam los.

Als wir es Montaine und ihrem kleinen Bruder Loup hinten auf dem Schlitten auf einer Karibuhaut in einer dicken Daunendecke bequem machen, scheint sie sich an alles zu erinnern. An den „schön warm innen", einen kleinen Kohleofen, den wir während unserer langen Winterexpedition durch die Rocky Mountains und das Yukon-Territorium bis nach Alaska verwendet hatten, an die Namen ihrer Lieblingshunde, die Zuggeschirre, das Zelt, den kleinen Holzofen, einfach an alles, was ein Jahr lang ihre Welt gewesen war. Der zehn Monate alte Loup reißt seine großen Augen auf, und Montaine spielt sehr mütterlich die Lehrerin.

„Der große Hund, das ist Torok, und der kleine, das ist Umiak."

Sie kümmert sich um ihren Bruder, wie wir es monatelang für sie getan haben, mit den gleichen Gesten und den gleichen Worten. „Hast du warme Füßchen, Loup?" fragt sie und zieht ihre Handschuhe aus, um zu prüfen, ob der „schön warm innen" noch richtig funktioniert. Die beiden sind einfach süß, wie sie sich hinten auf dem Schlitten aneinanderschmiegen und der Rauhreif sich auf ihre braunen Wimpern setzt.

Leider geht Diane, die sich nicht sofort wieder an die Fahrtechnik erinnert, mit in die Kurve, statt dagegenzuhalten. Die Strafe folgt auf dem Fuße, und nicht zu knapp, denn die Hunde sind ziemlich schnell. Wir finden uns also im Schnee wieder, während die Hunde noch etwa 20 Meter weiterlaufen. Da die Kinder vom Lenker des Schlittens eingeklemmt sind, werden sie über das mit einer feinen Schneeschicht bedeckte Eis mitgeschleift.

„Haaalt! Hunde, haalt!"

Als der Schlitten endlich zum Stehen kommt, steckt Loup in einer Schneewehe und Montaine brüllt.

Kein guter Start!

Loup ist nichts passiert, Montaine auch nicht. Zum Glück waren keine Unebenheiten im Eis. Diane und ich schreien uns an. Kein Beobachter hätte es für möglich gehalten, daß diese seltsame Mannschaft (mit Ausnahme von Loup) bereits mehr als 2000 Kilometer mit dem Schlitten auf den schwierigsten Pisten durch die Rocky Mountains und das Yukon-Territorium hinter sich hat. Aber wir sind allein auf dem zugefrorenen Fluß.

In den Armen seiner Mutter beruhigt sich Loup bald.

Montaine hat etwas Angst.

„Ich will nicht umfallen! Ich will nicht umfallen!" wiederholt sie ständig.

„Du wirst nicht mehr umfallen, das verspreche ich dir. Es ist alles wieder gut. Beruhige dich."

Sie scheint zwar nicht ganz überzeugt zu sein, willigt aber trotzdem ein, wieder auf den Schlitten zu steigen.

Wir können weiterfahren.

Die Piste führt am Ufer entlang, denn in der Mitte ist der Yukon eine unebene Eismasse mit offenen Bereichen. Ein sehr gefährlicher Fluß. Im Winter reisten die Abenteurer, auch zur Zeit des Goldrausches, über Land. Sie hatten eine Piste durch die Black Hills gelegt, die heute für das Yukon-Quest-Rennen benutzt wird.

Ich denke an die aufregende Zeit, die Jack London zu einigen seiner schönsten Werke inspiriert hat. Vor hundert Jahren brach hier der größte Goldrausch aus, den die Menschheit je erlebt hat. Zehntausende stürzten sich in ein riesiges Abenteuer, im Herzen eines Gebietes, für das noch nicht einmal eine Landkarte existierte. Zu Pferd, zu Fuß, auf Schneetellern, per Floß, mit Hunden kämpften sich diese Männer entlang der Pisten, die von den Leichen derer gesäumt wurden, die es nicht geschafft hatten. Sie erforen in Blizzards, ertranken in Stromschnellen. Andere verhungerten, verendeten, vom Skorbut gezeichnet, unter schlimmsten Schmerzen, von Fliegen und Mücken heimgesucht. Die wenigsten wurden reich, aber viele haben in diesen wilden Gegenden einen sehr viel größeren Reichtum als alles Gold der Welt gefunden. Eine unwiderstehliche und unerklärliche Sehnsucht, das, was Jack London den „Ruf des hohen Nordens" nannte, hatte sich tief in ihnen festgesetzt. Wieder zu Hause, wünschten sie sich nichts sehnlicher, als wieder dorthin zurückzukehren – trotz allem, was sie erlitten hatten. Zum Gedenken an diese Männer, die ohne Karte und ohne Verbindung zur übrigen Welt in dieses Land vorgedrungen sind, existiert das Yukon-Quest-Rennen.

Die Abenteuer von heute sind mit ihren Erlebnissen einfach nicht zu vergleichen, egal wie riskant und aufsehenerregend sie für die Teilnehmer und in den Augen der Medien sind.

Ich werde immer etwas nostalgisch, wenn ich an diese Zeit denke, die mich oft beschäftigt hat, während ich Alaska per Floß durchquerte, die Rocky Mountains zu Pferd erkundete oder mit meinen Hunden Tausende von Kilometern auf vereisten Pisten zurücklegte. Selbst wenn ich mehrere Wochen Fußmarsch von einem Dorf entfernt war, wußte ich doch dank meiner Karten immer, wo es sich befand, und wenn mir etwas fehlte, fand ich früher oder später immer ein Telefon und bekam eigentlich alles, was ich brauchte.

Montaine und Loup sitzen gemütlich hinten im Schlitten. Ein kleiner Holzkohleofen wärmt sie.

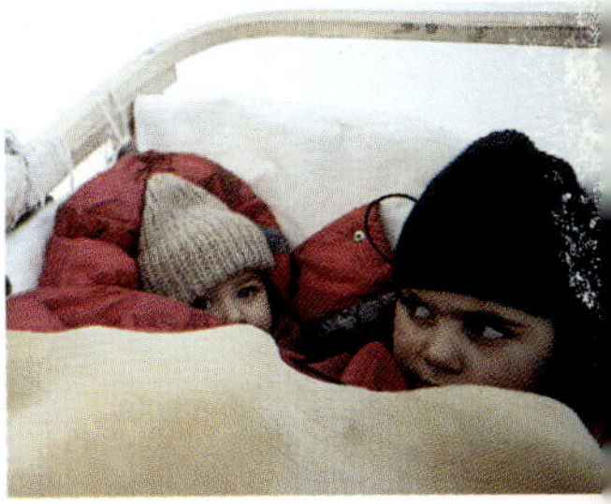

Meine Abenteuer im Hohen Norden haben meine Bewunderung für die Goldsucher, Trapper, Waldläufer, Indianer und Inuit, die dieses Land durchwandert haben, nur noch vergrößert.

Während ich anderthalb Jahre lang in Sibirien unterwegs war, manchmal ohne Karte und ohne Verbindung zur Außenwelt, und vor allem als ich Menschen traf, die noch im Einklang mit der Natur leben, hatte ich das Gefühl, der Zeit von damals ein wenig nähergerückt zu sein. Ich hatte das Glück, nach der Öffnung des Landes als einer der ersten diese Gebiete zu durchqueren: Tofolar, Burriat, Ewenen. Ein Erlebnis, das andere nicht mehr haben werden, denn das Land hat sich – wie Kanada vor ihm – inzwischen verändert. Man spricht dabei von Fortschritt.

Folgende Seiten: Montaine lernt allmählich, wie man den Hunden Befehle erteilt. Loup staunt, die Umgebung sieht aus wie in einem Weihnachtsmärchen.

Man kann von Fortschritt sprechen, wenn beispielsweise Leben gerettet wird, weil es ein Telefon gibt oder einen Hubschrauber, der Kranke und Verletzte in ein Krankenhaus bringt, das dort steht, wo früher nichts war. Er kann jedoch verheerende Verwüstungen mit

Vorherige Doppelseite: ein Fläschchen bei -40 °C.

sich bringen, wenn man daran denkt, wie falsch die Bedeutung und der Reichtum mancher Kulturen (ein)geschätzt wurden, bis sie schließlich ausgelöscht waren. Um Vernichtung handelt es sich auch, wenn man an all die Umweltkatastrophen denkt, die der Fortschritt zur Folge hat.

Und dennoch ist der Fortschritt untrennbar mit der Menschheit verbunden. Es wäre ebenso illusorisch, das Wachstum eines Kindes aufhalten wie den Fortschritt stoppen zu wollen. Wir können nur hoffen, daß er sinnvollere Formen annimmt. Bereits heute blicken wir manchmal sehnsüchtig zurück, in dem Bemühen, vernichtete Kulturen und Naturereignisse dem Vergessen zu entreißen. Verantwortung sollte Zynismus ersetzen.

Montaine

Ich erinnere mich an einen Ausspruch eines amerikanischen Umweltschützers: „Es geht nicht so sehr darum, den Kondor zu schützen, als vielmehr darum, daß der Mensch, wenn er überleben will, Qualitäten entwickeln muß, die ihn später selbst retten werden." Es lohnt sich, darüber nachzudenken.

Loup

In den weißen Weiten, auf einem vereisten Fluß, mit einem kleinen Mädchen und einem kleinen Jungen, die hinten auf einem leise über die weißen Pisten gleitenden Schlitten vor sich hin brabbeln, träumt man nicht von Überfluß und Bequemlichkeit, sondern erkennt das wirklich Wichtige. Unsere selbstgefälligen Kulturen müssen umdenken und sich endlich mit Mutter Erde verbünden.

Rast im Zelt. Es ist mit einem kleinen Holzkohleofen ausgestattet, der als Heizung und vor allem zum Kochen dient.

Trapper

Der Luchs gehört zu den begehrtesten Tieren der Trapper.

Um die Hunde zu trainieren, wählen wir verschiedene Pisten aus, die von Besitzern der Trapperstrecken mit ihren Schneemobilen präpariert werden. Manche sind über 100 Kilometer lang. Das ist ideal. Zwei davon gefallen uns besonders gut.

Die erste führt weit in die Rocky Mountains hinein. Wir haben unser Zelt am Ufer eines etwa 40 Kilometer vom Yukon entfernten Sees aufgeschlagen, um dort die ganze Nacht oder auch nur ein paar Stunden zu rasten. Die sehr abwechslungsreiche Piste bietet einige schöne Abfahrten. Die Hunde müssen bergauf und bergab den Rhythmus beibehalten. Auf abschüssigem Gelände dürfen sie nicht zu schnell werden, da sie sonst außer Atem sind und in der Aufregung leicht über die Leinen stolpern, sich einen Muskelriß oder eine Sehnenverletzung zuziehen können. Am besten behält man einen schnellen Trab bei, ohne in den Galopp zu fallen. Die *wheel dogs* (die unmittelbar vor dem Schlitten eingespannt sind) mögen das Bergabfahren nicht. Auf einem vereisten Abhang beispielsweise kann es vorkommen, daß die Bremse nicht richtig greift und der Schlitten sie einholt. Die erfahrenen schauen sich immer wieder um, um im Falle des Falles rechtzeitig reagieren zu können, indem sie schneller laufen oder zur Seite gehen. Es gehört zu den Aufgaben des Mushers zu verhindern, sein Gespann einen Abhang hinunterzuführen, auf dem er die Geschwindigkeit des Schlittens nicht mehr kontrollieren kann. Davon hängt das Vertrauen der Hunde in ihren Führer ab. Ansonsten kann ihn das teuer zu stehen kommen. Meine Hunde vertrauen mir und ich ihnen. Wir sind ein gutes Team und haben viel Spaß.

Die zweite Piste, auf der wir regelmäßig trainieren, ist eine Trapperstrecke, die von dem 86jährigen David Crocket präpariert wird. Er sieht aus wie 60 und kann in der Taiga zu Fuß, auf Schneetellern

Der Chilkoot-Paß. Die Goldsucher überquerten ihn mit mindestens einer Tonne Gepäck: Nahrungsmittel und Gerätschaften.

oder auf seinem Schneemobil mehr als einen Städter abhängen!

Seine Geschichte spiegelt die des ganzen Landes wider. Sein Vater erlebte den Goldrausch am Klondike mit. Ein „waschechter" Goldsucher. Seine Reise führte ihn über den Chilkoot-Paß, diesen berühmten Berg, der aufgrund eines Fotos zum Symbol des Goldrausches wurde. Das Foto zeigt eine nicht enden wollende Schlange von Menschen, die – unter der Last ihres Gepäcks gekrümmt – einen vereisten 45°-Hang erklimmt. Dann baute er sich ein Floß, um die Stromschnellen des Yukon hinunterzufahren, an deren Felsen jedes vierte zerschellte. So kam er zu einem großen Lager, das aus Tausenden an der Mündung des Klondike aufgestellten Zelten bestand. Später wurde daraus Dawson.

In Dawson kamen Zehntausende Goldsucher zusammen.

Dort verbrachte er den Winter unter prekären Bedingungen mit gerade einmal genügend Nahrung zum Überleben bei durchschnittlich -30 °C und Spitzentemperaturen um -60 °C. Wie die meisten dieser Abenteurer fand auch er nur eine kleine Ader, die er für 2000 Dollar verkaufte, während er das Dreifache ausgegeben hatte. Diese Adern wurden von großen Firmen gekauft, die über das notwendige Schürfgerät verfügten, und konnten das Tausendfache ihres Preises einbringen. Die wenigen, die wirklich Geld verdienten, waren die, die Mädchen, Whisky, Mehl und Speck mitgebracht hatten. Es heißt, ein Goldsucher habe für eine Nacht mit Flora das Gewicht ihres Büstenhalters mit Goldstaub aufgewogen. Man kann sich vorstellen, was sieben oder acht „Floras" einbringen konnten. In Dawson war es besser, eine Flora als eine Goldmine zu haben.

Aus Verzweiflung fing sein Vater an zu jagen. Er verkaufte das Fleisch zu Goldpreisen. Eines Tages tauschte er eine Elchkeule, die er einer Wolfsmeute abgejagt hatte, gegen einen Hund. Er kaufte einen zweiten, einen dritten und hatte am Ende ein kleines Gespann von sieben Hunden, mit dem er einmal in der Woche die Post von Dawson nach Forty Mile und zurück brachte. Auf dem Hinweg legte er – da man damals auf die Post auch einen Tag länger warten konnte – Fallen aus, die er auf dem Rückweg wieder einsammelte.

Heutzutage benutzen alle Trapper auf den immer länger werdenden Trapperstrekken Schneemobile.

So wurde er Trapper und gab dieses „Handwerk“ später an seinen Sohn Jim weiter.

„Dreißig Jahre lang bin ich mit dem Hundeschlitten losgezogen. Das fand ich wunderbar. Aber dann mußte ich mir, wie viele andere auch, eines dieser verteufelten Schneemobile kaufen“, erklärt mir der alte Trapper. „Der Preis für die Felle ist gesunken, und ich muß mehr fangen. Aber auf einem bestimmten Gebiet darf nur eine bestimmte Anzahl Tiere erlegt werden. Nur so kann das natürliche Gleichgewicht erhalten werden.“

Er ging also tiefer in das Land hinein, das andere bereits wieder verlassen hatten ...

Jim vermißt die gute alte Zeit und wirft einen nostalgischen Blick auf mein Gespann. Pro Jahr fängt er ein paar Wölfe, ein Dutzend Luchse und etwa 100 Marder. Genau so stellt man sich einen Trapper vor. Er liebt und respektiert die Natur, in der er selbst lebt.

„Wenn ich aufhöre, wird niemand meine Tätigkeit fortführen. Die Anzahl der Pelztiere wird drei oder vier Jahre lang um 10 bis 15 Prozent pro Jahr zunehmen – das ist der Teil, den ich gewöhnlich fange –, und dann werden sie im Vergleich zu ihren Beutetieren, die immer weniger werden, in der Überzahl sein. Das Jahr darauf wird wiederum die Zahl der Raubtiere sinken, bis das Gleichgewicht wiederhergestellt ist. Dann werden alle erneut langsam wieder mehr

Ich lege eine Hasenschlinge.

werden, bis das heutige Niveau erreicht ist. Es wird nicht mehr und nicht weniger Tiere geben. Ein einziger wird verschwunden sein: ich!“

Ein wirklicher Verlust!

Jim ist die Seele dieses Landes. Der Waldläufer gehört zu den aussterbenden Arten. Sein Verschwinden wäre ebenso schlimm wie das des Luchses oder des Wolfes.

Mensch und Natur sind nicht voneinander zu trennen: Er entwickelt sich mit ihr. Selbst wenn der moderne Mensch der Natur entfremdet ist, gibt es immer noch Menschen wie Jim, die im Einklang mit ihr leben. Wir sollten die Tiere schützen, ohne dabei die Menschen zu vergessen. Oft handeln Umweltschützer und andere, die die Natur retten wollen, gegen sie, ohne es zu wissen. Denn sie gehören gar nicht mehr zu ihr. Hören wir auf diejenigen, die in ihr leben.

Beruf Musher

Alain angelt unter dem Eis. Man braucht etwa eine Stunde, bis das Loch gehackt ist – und dann viel Geduld.

Wir haben unser Lager in der Nähe von Whitehorse aufgeschlagen, eine halbe Autostunde von der Stadt entfernt. Das ist weit genug weg, um die Natur genießen zu können, ohne auf die Vorteile der Zivilisation verzichten zu müssen. Was für ein Unterschied zu letztem Winter, als unsere Hütte einen einmonatigen Fußmarsch vom nächsten Dorf entfernt lag! Wenn wir abends Lust hatten, in die Stadt zu gehen – und das kam häufig vor –, hätten wir allein zwei Monate für den Hin- und Rückweg gebraucht!

Mit Alain Brénichot, der bei der Sibirien-Expedition mit dabei war, und Jérôme Allouc haben wir einen Plan in die Tat umgesetzt, den wir schon lange hegen: eine Art einfache, kleine Pension, in der wir einige Europäer aufnehmen können, die das Hundeschlittenfahren lernen und in den wilden Tälern der Rocky Mountains wandern möchten.

Diesen Winter kommen die ersten „Privilegierten" zu uns. Obwohl ich einige Vorbehalte gegen diese Art Tourismus hatte, stelle ich erstaunt fest, daß es mir sehr viel Spaß macht, mit den Gästen meine Liebe für den Norden und zu den Hunden zu teilen. Wie viele der Briefe, die ich in den letzten 15 Jahren von Leuten erhalten habe, die eine solche Unternehmung starten wollten, sind wohl unbeantwortet geblieben, weil ich nicht wußte, was ich ihnen sagen sollte? Die Freude von Patrick, mit dem wir heute morgen über den vor Schönheit strahlenden Laberge-See ziehen, überträgt sich auf alle anderen.

Wenn man etwas aus tiefstem Herzen schätzt, ist die Freude, es anderen zu zeigen, selbst für einen Egoisten wie mich ein wahres Vergnügen.

Wir werden das Projekt fortsetzen und vielleicht auch im Sommer Reisen per Kanu und zu Pferd organisieren. Alain und ich, wir

Ein 80-Kilometer-Training bei -40 °C auf einer wunderschönen Piste.

Auszug aus dem Buch *Farthest North* von Fridtjof Nansen, der hier von seiner ersten Fahrt mit einem Hundeschlitten berichtet.

„Ich versuchte, sie zu stoppen, doch sie liefen wieder los und zogen mich hinter sich her. Ich beschimpfte sie wie ein Wahnsinniger und schwor, ihnen sämtliche Knochen zu brechen, sobald ich ihrer habhaft werden würde. Die Hunde gehorchten. Doch dann begannen sie erneut, wie verrückt in die Richtung ihrer Wahl zu ziehen. Schließlich brachte ich sie zum Stehen, indem ich meine Beine zwischen die Kufen des Schlittens fest in den Schnee stieß und einen großen Seehundshaken einrammte. Aber ein Moment Unaufmerksamkeit – und sie zogen voller Elan wieder an.
Ich fiel auf den Hintern, und los ging's mit furchterregender Geschwindigkeit. Ich verlor den Sitz, dann die Peitsche, dann meine Handschuhe und schließlich meinen Hut. Ein- oder zweimal lief ich vor den Hunden her und versuchte, sie zum Umkehren zu bewegen. Da sprangen sie auf die Seite und wurden noch schneller. Die Zügel wickelten sich um meine Knöchel, und ich fiel längs über den Schlitten, doch sie zogen noch rasanter als zuvor. Das war mein erstes Erlebnis als Hundeführer, und ich kann nicht behaupten, daß ich stolz darauf bin."

malen uns schon aus, wie wir eine riesige Hütte aus Rundholz, einen Pferdestall und ein Gelände für die Hunde oberhalb eines Flusses mit Blick auf die Berge bauen ...

Die Monate November und Dezember vergehen wie im Flug. Der Januar ist mit Vorbereitungen für das Rennen ausgefüllt. Wir machen ausgedehnte, mehr als 80 Kilometer lange Ausfahrten, denen mindestens 48 Stunden Pause folgen, damit die Hunde auf keinen Fall an Gewicht verlieren. Im Gegenteil, meine Hunde müssen noch etwas zunehmen.

Das Vorbereiten und Verpacken der Hundenahrung und der Ausrüstung, die an die sechs Checkpoints des Rennens geschickt werden, dauert zu zweit mindestens zwei Tage. Frank überwacht seinen Schüler, und es vergeht kaum ein Tag, an dem ich ihn nicht

Futter und Material werden vorbereitet und an die Checkpoints des Rennens geschickt.

Jérôme portioniert das Rindfleisch, das später dem Trockenfutter beigefügt wird.

frage, wieviel Halogenbirnen ich mitnehmen, an welche Basis ich die Schienen schicken soll, wo ich einen Kocher wie den seinen anfertigen lassen kann, wieviel Glyzerin ins Algyval gemischt wird, damit es nicht einfriert ...

Manchmal trainieren wir nachts, und Frank weiht mich in alles ein. Aufgrund seiner natürlichen Freundlichkeit gehört er zu denjenigen, die ihr Wissen gerne weitergeben und das auch gut können. Ich habe ein unerhörtes Glück, mich an der Seite so eines Champions vorzubereiten.

„Du wirst ein gutes Rennen machen", wiederholt er immer wieder, um mich zuversichtlich zu stimmen, denn er spürt, daß ich gestreßter werde, je näher der Tag X rückt.

Eines Abends, bei Vollmond, fahren wir auf einer von unserem Lager relativ weit entfernten Piste 150 Kilometer hin und zurück. Sie wird regelmäßig von Indianern präpariert, die in den zahlreichen Seen dieser verwunschenen Hügellandschaft Biber jagen. Die Nacht ist herrlich.

Frank spannt 17 Hunde an. Er will nach diesem Trainingslauf entscheiden, welche drei er nicht in sein Renngespann aufnimmt. Mit seinen zwei Handlers hat er bisher drei Gespanne trainiert, dann zwei und schließlich nur noch eins aus 18 Hunden für das Quest-Rennen. Ein Pferch mit über 70 Hunden bedeutet kolossale Arbeit.

In diesem Pferch leben über 100 Hunde, aus denen die 14 besten ausgewählt werden.

Eins von Frank Turners Gespannen mit einem seiner Handler beim Training.

Folgende Seiten: Jérôme baut einen Trainingsschlitten.

Ab Winteranfang werden die Hunde regelmäßig von Tierärzten untersucht.

Wie die meisten Musher benutzt er einen Computer, um die logistischen Aufgaben zu bewältigen, und beschäftigt mehrere Personen, die die Hunde vorbereiten und pflegen. Das ist fast unerläßlich geworden. Nach dem Training wird alles aufgeschrieben: die Zahl der gelaufenen Kilometer sowie jede Menge Details über das Verhalten, die körperliche Verfassung und etwaige Probleme eines jeden Hundes. Am Ende des Monats werden diese Informationen sortiert, analysiert und zeigen die Schwächen sowie Qualitäten der einzelnen Hunde.

„Sali: 280 Kilometer, drei Sehnenentzündungen an der linken Vorderpfote, Riß im linken hinteren Ballen, ausgezeichneter Kletterer, besser vorne als hinten, läßt auf langen, eintönigen Etappen leicht nach, mag kein Wasser ..."

Aufgrund dieser Tabellen sortiert der Musher immer wieder Hunde aus, um so schnell wie möglich ein Gespann von etwa 18 Champions zu erhalten, die ganz besonders für das Rennen trainiert werden. 18 Hunde, weil es in letzter Minute immer noch zu Unfällen kommen kann. Die meisten Herausforderer laden mehr als 14 Stück auf ihren Laster, mit dem sie zu den Startgittern fahren. Selbst im letzten Augenblick kann sich ein Hund verletzen, von einem Tierarzt wegen eines winzigen Herzklappenfehlers abgelehnt werden ... Und es kommt natürlich nicht in Frage, mit weniger Hunden zu starten als die anderen.

Unterdessen üben die anderen Gespanne für die nächste Saison, vor allem die Welpen. Schlechte Hunde werden – wenn sie Glück haben – verkauft oder verschenkt ...

Dieses Jahr nimmt Frank mit zwei Gespannen am Yukon-Quest-Rennen teil: mit seinem und mit einem Gespann von jungen Hunden, das er einem befreundeten Musher überläßt.

„Dann haben sie bereits an einem Rennen teilgenommen, und aufgrund der gesammelten Erfahrungen weiß ich später genau, welche ich nehmen kann", erklärt Frank.

Die Arbeit als Musher ist ein richtiger Beruf. Manche Musher besitzen 150 Hunde; die haben dann nur noch Nummern. Nur fürs Rennen gibt man ihnen einen Namen: Das ist Pflicht, und in den Medien kommt es natürlich auch besser an ...

Glücklicherweise ist Frank nicht so. Aber Menschen wie er werden immer seltener unter den Teilnehmern der großen Profi-Rennen.

LEONHARD SEPPALA UND BALTO

Leonhard Seppala gilt als der größte Schlittenhundeführer aller Zeiten. Als er im Alter von 89 Jahren starb, hatte er über 400.000 Kilometer mit dem Schlitten zurückgelegt. Außer seinen drei aufeinanderfolgenden Siegen beim „All Alaska Sweepstakes" hat er auch das Ruby-Derby und zahlreiche andere Rennen gewonnen, die ihm alle viel Ruhm eingebracht haben.

Zur Legende wurde Seppala jedoch durch eine wirklich außergewöhnliche Leistung: 1925 bricht in Nome eine Diphterieepidemie aus. Das rettende Serum befindet sich im 1000 Kilometer entfernten Nenana. Seppala wird beauftragt, das Medikament mit seinen Hunden zu holen. Trotz fürchterlicher Wetterbedingungen in Eis und Schnee, trotz Blizzards und extremer Kälte bringt er das Serum tatsächlich nach Nome.

Auf diese heroische Tat geht das Iditarod-Rennen zurück, das neben dem Yukon-Quest das berühmteste Schlittenhunderennen der Welt ist.

Balto, Seppalas Leithund, setzte man im Central Park sogar ein Denkmal. Auch Steven Spielbergs Verfilmung der Ereignisse bekam seinen Namen. Erst später erklärte Seppala, daß Togo der wahre Held der Geschichte gewesen sei. Inmitten des Medienrummels war er jedoch nicht dazu gekommen, dies richtigzustellen!

Torok, Nanook, Carmack und die anderen

Die Zuschauer, die sich auf der über den Yukon führenden Brücke postiert haben, amüsieren sich. Start war gerade einmal vor einer Viertelstunde, und schon hält ein Gespann im Schatten der großen Kiefern an, um sich auszuruhen. Vier Kilometer nach dem Beginn des Rennens! Und dabei sind über 1600 Kilometer in weniger als zwei Wochen zu bewältigen. Am Anfang, wenn die Gespanne frisch sind, machen die meisten Musher erst nach 60 bis 100 Kilometern die erste Pause. Die Zuschauer schmunzeln, sind aber nicht überrascht. Jedes Jahr geben etwa 40 Prozent oder mehr Gespanne vorzeitig auf. Manche kommen noch nicht einmal bis zum ersten Checkpoint. In einem Jahr fuhr ein Musher nur 85 Meter weit: In der ersten Kurve zerschellte sein Schlitten an einer Mauer! Ein anderer war krank und brach nach zwei Stunden ab.

Dieses Jahr ist der Franzose mit seinen dicken Eskimohunden der erste, der aufgibt. Das wundert niemanden. Im Gegenteil, niemand oder fast niemand glaubt, daß meine Chancen, auch nur die Hälfte des Rennens zu bewältigen, bei mehr als 1:10 liegen.

Beim Yukon-Quest-Rennen gibt es viele Dinge, die man falsch machen kann. Siegreich ist der, der die wenigsten Fehler macht.

Wäre ich weitergefahren, hätte ich bereits in der ersten halben Stunde einen großen Fehler gemacht. Bei den anderen 27 Läufern hingegen ist die Entscheidung weiterzulaufen richtig. Die Alaskischen Schlittenhunde, die durchschnittlich 25 Kilogramm wiegen (während es bei meinen Hunden 40 Kilogramm sind) und vor allem zweimal dünneres Fell haben, leiden nicht unter der „Hitze“. Es ist 12 °C im Schatten und also über 0 °C in der Sonne.

Das ist ja wie in Afrika!

Hinzu kommen der Startstreß und die Tatsache, daß über 300 Hunde über die Piste laufen, was ein Wetteifern auslöst, für das mei-

Folgende Seiten: Die ganze Meute. Von links nach rechts: Wolk, Nanook, Uktu, Kurvik, Torok, Ukiok, Carmack, Amarok, dahinter Umiak und schließlich Baikal.

ne Hunde sehr anfällig sind. Sie den anderen bei dieser Temperatur hinterherlaufen zu lassen wäre ein Fehler gewesen, den ich teuer bezahlt hätte. Sie sollen sich lieber eine gute halbe Stunde im Schatten ausruhen, damit sich ihr Herzschlag wieder beruhigt und ihnen vor allem die Lust vergeht, die anderen Hunde zu verfolgen.

Wolk

Es ist 14.30 Uhr, und die Sonne geht erst gegen 16.30 Uhr unter. Bis dahin will ich so langsam wie möglich fahren, damit die Hunde Kräfte sparen und dann in der Nacht soviel wie möglich schaffen. Der Himmel ist klar, die Wettervorhersage lautet -30 °C.

Genau richtig.

Meine dicken Hunde stecken den Kopf in den Schnee, um sich zu erfrischen. Nanook ist darin ein Spezialist. Selbst im Laufen schafft er es, sich leicht versetzt, wie Pflugscharen vorwärts zu bewegen. Bei diesem U-Boot-Kunststück habe ich jedesmal Angst, er könne auf einen im Schnee versteckten Baumstamm oder Stein stoßen! Aber bisher ist das noch nie vorgekommen. Was für ein Kerl, dieser Nanook! Ich mag diesen Hund aus dem ersten Wurf sehr. Er ist immer fröhlich, tapfer und „fühlt sich wohl in seinem Fell".

Carmack

Ich habe ihn neben Ukiok gesetzt. Das ist der Hund mit den goldenen Augen, ein richtiges Plüschtier, das nie wirklich erwachsen geworden ist. Er ist verspielt, freundlich, sehr mutig und ein guter Arbeiter, obwohl er aufgrund seiner körperlichen Verfassung nicht zu den Besten gehört.

Torok, den wir nur den „großen Torok" nennen, ist ein wundervoller Hund mit fahlgelbem Fell, der ganz alleine einen 200 Kilogramm schweren, im Schnee steckengebliebenen Schlitten herausziehen, aber auch zwölf Stunden in schnellem Trab laufen kann, ohne zu ermüden. Ein Hund, auf den man auch in schwierigen Situationen zählen kann.

Oumiak

Als ich mit Diane und Montaine die Rocky Mountains durchquerte, hat uns der „große Torok" mehrmals verblüfft – immer wenn wir in Schwierigkeiten waren: wenn zum Beispiel der Schlitten im Packeis oder auf einem schwierigen Hang festgefahren war. Trotz der vereinten Kräfte der gesamten Meute ließ sich der Schlitten nicht bewegen. In einem solchen Fall zieht man das Zugseil nach hinten und lockert es etwas, um etwa 30 Zentimeter Spiel zu bekommen.

Wenn man den Hunden dann befiehlt vorwärtszugehen, laufen sie los, ohne einen Widerstand zu spüren. In dem Moment, in dem sich das Seil spannt, ist die ausgeübte Kraft sehr viel größer. Trotzdem hilft auch das manchmal nichts. Dann muß der Schlitten abgeladen werden, damit man ihn herausbekommt. Außerdem wird es den Hunden nach zwei oder drei Versuchen zuviel. Außer Torok. Im Gegenteil, wenn der Schlitten unbeweglich ist, ärgert sich der große Torok und dreht sich um, als wolle er sagen: „Los, jetzt reicht's aber. Versuchen wir's noch ein letztes Mal!" Dann wissen wir, daß Torok wirklich sein Letztes gibt; er geht von sich aus noch ein Stückchen weiter zurück, um sein Zugseil noch weiter zu lockern.

„Jetzt aber los!"

Torok wirft sich knurrend ins Geschirr. Die anderen fühlen, daß es fast geschafft ist, und ziehen ebenfalls ein bißchen stärker. Neun von zehn Mal kommt der Schlitten frei, wenn Torok wütend wird.

Torok

Wie viele große Hunde ist er keine Kämpfernatur. Er muß nicht erst böse werden, um sich Respekt zu verschaffen. Irgendwelche Fehler? Ich sehe keinen: Torok ist ein fabelhafter Hund.

Ebenso Baikal, sein Milchbruder. Baikal ist der Anführer geworden, seitdem Otchum verschwunden ist. Er war es übrigens, der den Angriff auf Otchum „organisiert" und angeführt hatte. Zu meinen, ich sei ihm böse, wäre falsch. Wie kann man einem Rudelhund vorwerfen, sich als solcher zu verhalten? Andererseits, wie sollte man nicht daran denken?

Baikal

Baikal ist ein bemerkenswerter Traber, der nur einen winzigen Fehler hat: auf sehr langen Strecken kommt es vor, daß er den *will to go* verliert. Aber das ist wirklich beckmesserisch.

Wolk ist mein bester Leithund. Er ist sehr geschickt. Ich finde ihn nicht sehr hübsch: sein Kopf ist zu lang. Er ist ein guter Arbeiter, kann aber ein bißchen zu leicht „durchdrehen". Mit den Jahren verschwindet dieser Fehler immer mehr, aber er hat uns häufig erschreckt. Auf dem Yukon hätte er uns drei töten können. Eines Morgens hatte er die ganze Meute hinter sich hergezogen, um einem Wolf zu folgen, der auf einen nicht zugefrorenen Wasserfall zulief. An dem Tag hatten wir -45 °C. Es war unmöglich, auf dem Eis zu bremsen. Ich hatte Diane zugeschrien, sie solle mit Montaine vom

Schlitten springen, und war oben geblieben, denn unsere Habe war unsere einzige Chance, bei dieser Kälte zu überleben. Und wieder einmal war es Otchum, der uns in letzter Sekunde das Leben rettete! Seine Leistung war um so bemerkenswerter, als er an jenem Tag nicht als Leithund eingesetzt war. Dennoch gelang es ihm, den anderen seine Entscheidung aufzuzwingen. Er hatte sich mit aller Kraft von der Zugleine entfernt, und dabei gelang es ihm, die beiden Hunde vor ihm, darunter Wolk, mitzureißen. Otchum war unersetzlich. Aber Wolk macht täglich Fortschritte. Wollte man ihn benoten, würde er eine Zwei mit Sternchen bekommen, das ist fast eine Eins. Es fehlt also nicht mehr viel!

Amarok ist von den Toten auferstanden. Mit acht Monaten war er schwer krank. Der Tierarzt meinte, seine Überlebenschancen stünden eins zu zehn. Aber er hat es geschafft. Allerdings merkt man noch immer einige Nachwirkungen. Er ist ein guter Zughund, unerschrocken, rauft gerne ein bißchen, auch wenn er seinem Gegner oft nicht gewachsen ist. Wie bei den Menschen sind die kleinen Kaliber oft aggressiv. Ich weiß, daß er das Rennen nicht bis zum Ende durchhält, denn er ermüdet schneller als die anderen, vor allem, wenn die Geschwindigkeit nicht nachläßt. Aber er ist sehr, sehr tapfer.

Uktu, ein zweijähriger Superhund, ist der Milchbruder von Kurvik. Schön, kräftig, tapfer. Noch ein, zwei Jahre, dann ist er der Klassenbeste.

Kurvik ist etwas schüchtern, aggressiv und manchmal sogar ein bißchen trottelig, aber ein wunderbarer Traber. Er gehört zu den sechs Besten für das Rennen.

Carmack sieht Otchum zum Verwechseln ähnlich, hat aber einen etwas weniger klugen Blick. Er ist der Schönste von allen. Es ist bemerkenswert gut gebaut. Wie ein Model. Langsam macht er seine Sache als Leithund ganz gut. Er ist unverzichtbar. Aber er ist nicht hier. Er ist mit der einzigen Hündin des Rudels, mit Umiak, zu Hause geblieben. Eine Woche vor der Abreise hatte sich Nanook mitten in der Nacht losgerissen und mit Carmack um Futter gerauft. Nanook erwischte Carmacks Vorderpfote und schlitzte den Ballen der Länge nach auf.

Trotz unserer Bemühungen und vor allem der von Windy, der leitenden Tierärztin des Yukon-Quest-Rennens, ist die Wunde nicht rechtzeitig geheilt.

Das war ein schwerer Schlag. Carmack, das wäre fast gewesen, als ob Otchum an diesem Rennen teilgenommen hätte.

War das Vorsehung?

Ein zweiter schwerer Schlag: Auch Umiak ist nicht da. Die Tierärzte haben bei ihr einen leichten Herzklappenfehler festgestellt. Umiak ist ein Fall für sich. Sie ist die wildeste aller Schlittenhündinnen, die ich kenne. Sie lehnt den Kontakt mit Menschen ab und mag nur das Rudel und ihre „Arbeit". Sie ist außergewöhnlich intelligent und als Leithund Wolk fast ebenbürtig. Obwohl sie von kleiner Statur ist, hätte es mich nicht gewundert, wenn sie das Rennen bis zu Ende gelaufen wäre, denn sie ist sehr tapfer. Umiak ist so anders, daß ich sie inzwischen besonders gern habe.

Zwei Hunde weniger.

Ich hatte also nur noch acht Hunde gegen die 14 Hunde, die 90 Prozent aller anderen Teilnehmer einsetzen, die diese wiederum aus 50, 100 oder 150 ausgewählt haben! Ein Grund mehr, meine Chancen, auch nur bis zur Hälfte zu kommen, bei 1:10 einzustufen!

Zusammen mit meinen Hunden hat Jérôme seine beiden besten Hunde trainiert: die Grönländer Pawnee und Gao, zwei Milchbrüder, die nicht getrennt voneinander arbeiten können. Das sind zwei sehr gute Hunde im besten Alter, die aber einige Schwierigkeiten haben, mit meinen „Champions" mitzuhalten.

Ich beschließe, sie trotzdem zu nehmen. Dabei riskiere ich nicht viel, denn es gibt etwa zehn Stellen, darunter sechs Checkpoints, an denen man Hunde „droppen" kann, die sogenannten *dog drops.*

Alain hat die beiden oft bei seinen Ausfahrten mitgenommen und sagt immer wieder, daß sie mich noch erstaunen werden.

Mit ihnen ist es ein wenig so, als sei Jérôme mit auf der Piste.

Es sind also zehn Hunde, zu denen wir noch Taiga, den Leithund von Jérôme, hinzufügen.

„Nimm' sie für den Anfang. Sie wird dir zumindest ein bißchen helfen. Sie ist sehr tapfer."

Das ist also mein Gespann: elf Hunde, von denen aber nur sieben möglicherweise bis zum Ende durchhalten, gegen 14 bei den meisten anderen.

Auf meinem Schlitten sitzend, habe ich jeden einzelnen Hund gemustert und seine Qualitäten aufgezählt. Nun habe ich schon etwas mehr Vertrauen in meine bzw. unsere Kräfte. Nach dieser kleinen Pause traben wir ruhig weiter bis zur nächsten Brücke, wo etwa 50 Personen soviel Geduld hatten, auch auf den letzten zu warten. Der „kleine Franzose", natürlich. Ich entdecke Montaine, und hinter ihr Diane.

„Da ist er ja!"

Ich halte an. Die Zuschauer lachen erneut. Ich bin der einzige, der hier stehenbleibt. Alle anderen sind im Riesengalopp vorbeigefahren. Ich komme langsam trabend an und halte mich außerdem noch auf! Ich habe es nicht eilig. Während die Hunde wieder zu Atem kommen, küsse ich Montaine und Diane. Dann fahren wir weiter.

Eine halbe Stunde später lege ich erneut einen einstündigen Stopp ein. Ich füttere meine Hunde und geben ihnen mit Fleischsaft vermischtes Wasser zu trinken. Das Fressen, das die Hunde außerhalb der langen Ruhepausen bekommen, ist ein „Snack". Die Wissenschaftler von *Pedigree Pal* haben sehr gute Snacks für uns hergestellt: Sie geben Energie und werden vor allem direkt vom Organismus aufgenommen. Außer den *Pals* habe ich Lachsscheiben dabei (sie sind wasserhaltig und deswegen ausgezeichnet gegen die Dehydratation), Kalbsleber (vitaminreich) und verschiedene Leckereien, denn Hunde mögen Abwechslung. Die größte Aufgabe bei so einem Rennen ist es, ihnen Freude zu machen und sie bei Laune zu halten.

Die Stunde vergeht schnell. Ich streichle einen Hund nach dem anderen und spreche mit ihnen. Das mögen sie sehr. Nanook, Ukiok und Wolk legen sich auf den Rücken, damit ich ihnen die Brust kraule. Torok steckt seinen Kopf unter meine Achsel, als wollte er mich zurückhalten. Wir sind allein auf dem Yukon und fühlen uns wohl.

Die Sonne verschwindet hinter einem Berg, und sofort wird es kalt. Eine Stunde später ist es bereits -25 °C. Am Himmel gehen nacheinander die Sterne auf. Unsere Stunde ist gekommen.

„So, jetzt sind wir dran!“

Dies Mal geht's nun wirklich los. Ich lasse eine Stunde lang galoppieren, dann in den Trab fallen. Entgegen dem, was alle denken, können die Hunde dieses Tempo lange halten.

Zwei Stunden später haben wir bereits zwei Konkurrenten eingeholt, die zu schnell losgefahren sind ...

Es ist alles o.k.

Einige Kilometer nach dem Start: alle elf Hunde im Galopp mit Wolk und Nanook an der Spitze.

Mushing bei Nacht

Drei Viertel des Yukon-Quest-Rennens werden nachts gefahren. Das Führen des Schlittens ist sehr ermüdend, denn man muß ständig auf der Hut sein.

Braeburn ist kein Dorf, auch kein Weiler. Es ist nur ein in einer Motel-Restaurant-Tankstelle eingerichteter *dog drop* in der Nähe des Alaskan Highway, den die Quest-Strecke hier schneidet.

An einem Checkpoint – von denen es sechs auf der gesamten Strecke gibt – kann der Musher Hunde „droppen", was auch von den Tierärzten, die die Hunde untersuchen müssen, entschieden werden kann, selbst wenn der Musher nicht damit einverstanden ist.

In Braeburn sind die Untersuchungen freiwillig. Die Musher können bei Bedarf die Hilfe eines Tierarztes in Anspruch nehmen. Diejenigen, die hier halten, bekommen Wasser für die Hunde, können im Restaurant etwas zu Essen kaufen und in einem beheizten Raum schlafen.

Wie alle anderen Wettbewerber habe ich vor, hier Rast zu machen. Man spart einiges an Zeit, wenn man weder Wasser für die Hunde noch Essen für sich selbst machen muß. Da Braeburn 160 Kilometer vom Start entfernt liegt, ist nicht daran zu denken, die Strecke in einer Etappe zu bewältigen. Die Hunde würden es durchaus schaffen, aber bei Langstreckenrennen heißt die Devise „langsam, aber sicher". Und das Ziel ist noch mehr als 1600 Kilometer entfernt. Genau genommen sind es 1750, denn in diesem Jahr wurde die Strecke etwas verlängert.

Es ist eine wunderbare Nacht mit einem schönen, mondlosen Sternenhimmel und unglaublichen Nordlichtern, die sich wie riesige leuchtend grüne und gelbe Bänder am Himmel auf- und abrollen. Aber die Piste läßt einem nur wenig Zeit zu Beschaulichkeit. Die Strecke ist technisch recht anspruchsvoll mit abwechselnd engen Kurven im Wald, Schrägen in bergiger Landschaft, mehr oder weniger abrupten Abhängen, Hindernissen jeder Art, die im Strahl der Stirnlampe immer etwas zu spät auftauchen, um in Ruhe beurteilt und richtig bewältigt zu werden. Das Fahren bei Nacht ist sehr ermüdend. Die Hunde hingegen lieben es. Wahrscheinlich weil ihre Vorfahren, die Wölfe, auch nachts unterwegs sind. Es ist bewiesen, daß ein Schlittenhund selbst bei gleicher Temperatur nachts schneller läuft als bei Tage.

Bei -30 °C bringen sie die Kilometer heute nacht mit Freude hinter sich. Seit sechs Stunden traben wir schon ohne Unterbrechung dahin und haben bereits neun Gespanne überholt, die sich am Rande der Piste ausruhen, und zwei weitere an einem Hang, den meine Hunde, ohne auch nur langsamer zu werden, erklommen haben. Bei diesen beiden Überholmanövern war ich außer mir vor Freude.

Es ist ein Uhr früh, und ich habe eine Verabredung auf einem See, etwa 15 Kilometer von hier entfernt. Ohne diesen Zwang hätte ich jetzt Pause gemacht. Ich will meine Hunde nicht überfordern. Es kommt überhaupt nicht in Frage, zum jetzigen Zeitpunkt die Spitze des Rennens zu erreichen. Später, sehr viel später, wenn die anderen Gespanne Hunde „gedroppt" haben, wenn meine Hunde noch gut in Form sind und mir die Temperatur hilft, werde ich versuchen aufzuschließen. Aber bei -30 °C bin ich nicht wettbewerbsfähig. Ich darf der Versuchung nicht erliegen, zu schnell vorwärts zu kommen.

Der Termin ist ein Treffen mit den Medien. Wie jeder weiß, kostet die Teilnahme an einem Rennen wie diesem sehr viel Geld, vor allem für einen Franzosen. Ich mußte also nicht nur die Hunde trainieren, sondern auch einen Finanzplan aufstellen. Glücklicherweise habe ich mittlerweile gute und ernsthafte Kontakte zur Geschäftswelt und zu den Medien. Die meisten Personen, mit denen ich zusammenarbeite, sind inzwischen Freunde geworden: *Air Canada* spendiert mir die Reisen und organisiert den Transport der Hunde. *Pedigree Pal* unterstützt mich finanziell und stellt ein Hochleistungsfutter für meine Hunde her. Medien wie *Paris Match, Radio France* und das Fernsehen begleiten das Ereignis.

Per Hubschrauber werden ein Kameramann der 20-Uhr-Nachrichten des Senders *TF1* (der dank *PPDA* herkommt), ein Fotograf des Magazins *Paris Match* und ein Filmteam des Fernsehsenders *France 3* eingeflogen. Sie sollen ein Feuer entzünden, damit ich sie finden kann. Die Organisatoren des Yukon-Quest-Rennens haben ihnen die Erlaubnis hierfür unter der Bedingung erteilt, daß sie sich etwas abseits der Piste aufhalten, um die anderen Teilnehmer nicht zu behindern.

Alain, der sich um die Logistik kümmert, hat den ersten Kontakt geknüpft. Er soll sie um zwei Uhr morgens wieder mit dem Schneemobil abholen. Nachtaufnahmen (zwei Drittel des Rennens verlaufen nachts) waren nur hier möglich. Und hier konnten wir eine ungefähre Uhrzeit an einem sowohl für den Hubschrauber als auch für das Schneemobil einigermaßen erreichbaren Ort vereinbaren. Später wäre ein solches Treffen zu kompliziert gewesen.

Auf dem Papier war alles ganz einfach oder fast: Sobald die Bilder im Kasten wären, sollte das Team unter Leitung von Marie-Laure Bonnemain nach Whitehorse eilen, wo ein Schnittplatz und Satellitenversand reserviert waren. Am Abend sollte der Bericht dann ausgestrahlt werden. Wer hätte damit gerechnet, daß der Pilot die falsche Piste ins Visier nehmen und das Team 20 Kilometer vom richtigen *trail* absetzen würde?

Niemand, nur Totoche hatte es vorhergesagt!

Immerhin fanden es die drei Kerle schließlich doch besorgniserregend, als sie um zwei Uhr in der Früh noch keinen Menschen bzw. Hund gesehen hatten!

Währenddessen überholt mich Alain mit dem Schneemobil.

„Wie geht's?"

„Prima!"

„Ist der See noch weit?"

„Ich hoffe nicht. Ich will bald Pause machen."

„Ich fahre zu den anderen vor und warte dort auf dich."

„O.k. Alles klar!"

Eine Stunde später komme ich am Ende des Sees an. Niemand da! Ich fluche, beschließe aber, bis zum nächsten See sechs Kilometer weiterzufahren. Inzwischen habe ich etwa 15 Gespanne überholt. Als ich am zweiten See ankomme, wartet dort ein wütender Alain auf mich. Trotz der Eisschicht, die sein Gesicht überzieht und ihm ein unglaubliches Aussehen verleiht, ist Alain nicht zum Lachen zumute.

„Die Deppen sind nicht da!“

„Dabei war es doch gar nicht so schwer!“

Ich bringe den Schlitten längs zum Fluß zum Stehen. Drei oder vier Musher haben ebenfalls hier gehalten. Ihre Stirnlampen verraten mir ihre Bewegungen in der Nacht.

Ich mache Feuer und Wasser, kümmere mich um die Hunde, während Alain zum Ende des Sees fährt, um zu sehen, ob sie vielleicht dort sind. Eine Stunde später kommt er allein zurück.

„In welche Richtung soll ich denn nun fahren?“

So einen Satz und den Ton, in dem er ihn ausspricht, vergißt man nicht. Wir müssen laut lachen. Das tut uns gut.

„Wir sind auf halber Strecke. Am besten fährst du nach Braeburn weiter. Die sind bestimmt vor uns.“

„Das würde mich wundern! Und wenn ich sie nicht finde?“

„In Braeburn mußt du den Hubschrauber anrufen, und *RCMP*, ich weiß auch nicht ...“

„Na ja. Wir werden ja seh’n ...“

Alain, der das Schneemobil mindestens so gerne fährt wie ich, füllt den Tank.

„Zum Glück hab’ ich genug Benzin dabei!“

Einige Minuten später verhallt das Motorengeräusch in der Nacht, die inzwischen wieder ruhig und magisch geworden ist. Ich mache mir eine tiefgekühlte Mahlzeit warm, die Diane vorgekocht hat: Nudeln à la Carbonara. Köstlich! Anschließend massiere ich Baikal, Pawnee und Nanook, deren Sehnen etwas zu schmerzen scheinen. Nachdem das Algyval eingezogen ist, wickle ich den unteren Teil ihrer Pfoten in einen Neoprenschlauch, damit die Muskeln warm bleiben. Danach ist allgemeine Inspektion. Einigen Hunden muß ich vorsichtshalber Schuhe anziehen. Nanook bekommt auch welche, bis der leichte Schnitt an seinem hinteren Ballen vernarbt ist.

Ich strecke mich eine halbe Stunde lang aus, ohne zu schlafen. Dann geht es weiter. Ich möchte noch vor zwölf Uhr in Braeburn sein, damit sich die Hunde während der warmen Stunden ausruhen und in der Nacht weiterlaufen können. Das ist genau die Strategie, der ich folgen will, bis das Thermometer um die -40 °C zeigt.

Ankunft in Braeburn. Die Hunde sind in bester Form.

Die Piste bis Braeburn kennen wir gut. Vor einem Monat haben wir ein Qualifikationsrennen bei -60 °C gemacht. Den Hunden gefiel es gut, und wir hatten trotz der nächtlichen Extremtemperaturen die Hälfte der Strecke (160 Kilometer) in bester Form zurückgelegt. Den Alaskischen Schlittenhunden der anderen Teilnehmer hatte es überhaupt nicht gefallen. Trotz der Mäntel, die die Musher ihnen angezogen hatten, der Schuhe, die sie alle trugen, trotz des Penis- und Ganzkörper-Schutzes hatten die Tierärzte schließlich darauf bestanden, daß die Organisatoren das Rennen beendeten. Es war schon zu viel Schaden angerichtet worden!

Wenn eine solche Kältewelle über das Yukon-Quest-Rennen hereinbricht, und genau darauf warte ich, haben wir alle Chancen, das vordere Feld einzuholen ...

Bei den Yukon-Quest-Rennen kommt es nur äußerst selten vor, daß das Thermometer nicht irgendwann in eisige Tiefen fällt. Wir warten auf unsere Stunde. Meine Strategie ist einfach und kein Geheimnis. Ich habe es gesagt, geschrieben und vor dem Rennen er-

An jedem Checkpoint muß man seine Ankunfts- und Abfahrtszeit sowie die Anzahl der Hunde melden.

Die Medien nutzen den Aufenthalt der Musher für ihre Berichterstattung.

Pflege für die Pfoten: 10 Minuten Massage pro Hund bei jedem Halt und gegebenenfalls Schuhe, damit der Schnee die Haut unter den Ballen nicht abreibt.

neut erklärt: Mein Ziel ist es, genau in dem Moment loszulegen, und zwar mit Hunden, die in guter Form sind und noch Reserven haben. So werde ich meinen Vorteil nutzen können, auch wenn ich bis dahin zu den letzten gehöre.

Als ich gegen Mittag mit meinen elf Hunden, die alle topfit sind, auf Platz 21 in Braeburn ankomme, bin ich erstaunt, wieviel Fehler einige Musher bereits gemacht haben. Bei dem, den ich kurz vor Braeburn überholt habe, liegen bereits drei Hunde im Schlitten. Warum hat er nicht rechtzeitig und länger Pause gemacht? Diesen Musher werde ich nicht wiedersehen.

Ein Finne hat die Etappe in 15 Stunden geschafft. Er wollte von Anfang an glänzen. Er steht auf den Titelseiten der Zeitungen, ist bei der nächsten Etappe aber Vorletzter ...

Frank und fünf andere Musher, alles richtige Profis, unter denen sich bestimmt der Sieger befindet, sind im Morgengrauen in Braeburn eingetroffen und fahren nach fünf bis sieben Stunden weiter nach Carmacks, dem ersten Checkpoint.

Ich versorge meine Hunde, bevor ich mich zu meinen Freunden geselle, die durch Schranken von uns getrennt sind. Unmittelbar nach der Ankunft muß man alles so organisieren, daß die Hunde möglichst bald zur Ruhe kommen, d. h., die Fütterung und die Pflege müssen so schnell wie möglich erfolgen. Erholung ist das Wichtigste.

Während ich die Pfoten der Hunde behandle, sehe ich Eric, den Kameramann von *TF1*. Man hat sie also wiedergefunden.

Etwas später höre ich dann die Geschichte: Nachdem sie einige Gespanne überflogen und gefilmt hatten, setzte der Hubschrauber sie etwa 30 Kilometer weiter am Rand der Piste ab. Sie machten ein Feuer, denn es war um die -30 °C kalt. Sie warteten auf die ersten Gespanne, um sie zu filmen. Ich hatte ihnen vorausgesagt, daß ich wahrscheinlich als einer der letzten gegen Mitternacht ankommen würde.

Gegen elf Uhr nachts begannen sie, sich Sorgen zu machen, denn sie hatten noch keinen einzigen Musher gesehen. Um zwei Uhr morgens waren sie durchgefroren und immer noch allein. Da wurde ihnen klar: Der Pilot hatte sie an einer falschen Piste abgesetzt! Die Hilfsmannschaften, die gegen sechs Uhr früh von Alain benachrichtigt worden waren, fanden sie bei Tagesanbruch wieder. Die Geschichte wird in den kanadischen Medien mindestens so gern erzählt wie die des Finnen, der als erster in Braeburn ankam.

Beim Essen tanke ich wieder auf, vor allem aber während ich mit Diane und dem ganzen französischen Pulk spreche, der aus Journalisten (die meisten davon Freunde) und aus vier Freunden, Malto, Jean-Marc und zwei Gefährten von der Alaska- und der Sibirien-Expedition, Jean-Christophe und dem berühmten Totoche, besteht. Letzterer frohlockt, denn er hatte immer wieder gesagt, daß dieses nächtliche Treffen zwischen einem Hubschrauber, einem Schneemobil und einem Musher nicht klappen würde. Nun muß man anerkennen, daß er recht hatte.

Obwohl ich wirklich müde bin und außerdem am liebsten zusammen mit dem Team im Restaurant sitzen bleiben würde, kehre ich zu meinen Hunden zurück, um wenigstens eine Stunde zu schlafen, bevor wir wieder aufbrechen.

Die Zeit vergeht so schnell, wenn man Pause macht! Damit habe ich nicht gerechnet. Ich muß mich anders organisieren, um schneller zu arbeiten, damit ich mich innerhalb von 24 Stunden wenigstens zwei Stunden ausruhen kann. Frank hatte mich ja gewarnt: Das Schwierigste ist es, Zeit zum Schlafen zu finden!

Daß ich draußen bei meinen Hunden schlafe, während alle anderen Musher die so selten gebotene Wärme nutzen, überrascht die Organisatoren, die Medien und sonstige Zuschauer sehr. Bei -50 °C geht es mir wie den anderen, und ich ziehe es vor, drinnen im Warmen zu schlafen. Aber bei -20 °C bin ich lieber draußen, für mich, und habe ein Auge auf meine Hunde, die wegen jeder Kleinigkeit das Raufen anfangen können. Die Sache mit Carmack hat mich vorsichtig werden lassen. Ich strecke mich also neben meinem Gespann in meinem Schlafsack aus, bekomme jedoch kein Auge zu.

Diese ersten 24 Stunden des Rennens haben mich viel zu sehr aufgeregt, vor allem weil meine Plazierung viel besser ist als erwartet, obwohl die Temperaturen für mich eher nachteilig sind. Eine Dreiviertelstunde später bin ich wieder auf den Beinen, um die nächste Etappe vorzubereiten: Snack und Schuhe für die Hunde, Karte und Stirnlampe für mich.

Es wird Nacht. Einer der Musher, der lange vor mir angekommen ist, ist noch nicht wieder aufgebrochen. Seine Hunde sind zu müde. Ich starte also auf Platz 20, zwinge mich aber dazu, dem keinerlei Bedeutung beizumessen.

Was zählt, ist der Zustand der Hunde. Man muß rasten, bevor sie erschöpft sind, d. h. solange sie noch Energiereserven haben. Diese Energie werden sie brauchen, um bis ans Ziel zu kommen. Dazu kommt dann noch die Energie, die wir zum Beschleunigen benötigen, wenn es die Bedingungen erlauben.

Im Moment will ich das, was um uns herum passiert, nur als Zuschauer betrachten.

Zwei Stunden, nachdem wir Braeburn verlassen haben, sehe ich zu meiner Verwunderung in der Ferne einen Musher am Feuer sitzen. Alle haben sich in Braeburn mindestens 24 Stunden Ruhe gegönnt. Es ist nicht normal, so bald wieder anzuhalten. Ich überhole ihn. Er schläft ausgestreckt auf seinem Schlitten in seinem Schlafsack. Es ist der Finne! Später höre ich, daß er sich dort etwa 24 Stunden aufgehalten hat!

Totoche hatte es bereits gesagt: „Wer zu schnell beginnt, wird's bereuen, bestimmt."

Wenn der Finne so weitermacht, wird er überhaupt nicht bis ans Ziel kommen.

Ich kann nicht umhin zu denken, daß wir jetzt auf Platz 19 sind!

Meine Hunde traben schnell dahin, galoppieren auf kurzen Stücken, wenn ihnen Wildgeruch in die Nase steigt. Ist es ein Kaninchen, ein Elch, ein Luchs oder ein Schneehuhn?

Sie sind glücklich, auf einer unbekannten Piste zu laufen. Mir geht es ebenso.

Es läuft alles wie am Schnürchen, und ich entspanne mich langsam, konzentriere mich jedoch ganz auf das Führen des Schlittens, was zwischen den Bäumen oder bergab manchmal schwierig ist.

Um an einem Rennen teilnehmen zu können, genügt es nicht, Hunde zu haben, die fit sind, man braucht auch einen intakten Schlitten. Jedes Jahr müssen ein oder zwei Musher nach einem Unfall aufgeben, weil ihr Schlitten an einem Baum oder in einem schlecht umfahrenen Loch zu Bruch gegangen ist. Zwei oder drei Musher ge-

Im Schlitten muß stets vollkommene Ordnung herrschen. Das spart Zeit.

ben auf, weil sie Erfrierungen haben, sich einen Arm oder ein Bein gebrochen haben, krank oder erschöpft sind. Ebenso kann es den Hunden ergehen: Wenn sie nicht weiterlaufen wollen, kann man sie nicht lange zwingen. Deswegen ist es wichtig, den *will to go* wachzuhalten. Ich habe Glück. Meine Hunde haben jede Menge davon.

Rast bedeutet: füttern, versorgen, reparieren und dann, wenn möglich, sich selber ausruhen.

Als ich gegen zwei Uhr früh stehenbleibe, merke ich, daß sie gerne noch weiterlaufen würden. Wir ruhen uns trotzdem aus.

Die Handgriffe sind inzwischen fast zur Routine geworden:

1. Hunde an den Draht binden.
2. Wasser machen. Während es warm wird, Sehnen kontrollieren, massieren und Neopren anziehen.
3. Fleisch mit der Axt in kleine Stücke hacken, in heißem Wasser auftauen und dann Pal-Körner hinzufügen.
4. Füttern.
5. Ballen prüfen und einfetten.
6. Selbst essen.
7. Schlitten kontrollieren, Bremse inspizieren, eventuell ein Band reparieren, ein Zuggeschirr nachnähen, eine Schraube oder Mutter ersetzen ...
8. Nächste Etappe vorbereiten: Batterie der Stirnlampe auswechseln, sich auf der Karte die Strecke einprägen, Snacks für die Hunde und mich vorbereiten, Thermoskanne mit Brühe füllen.
9. Eine halbe bis zwei Stunden schlafen, aber immer mindestens eine halbe Stunde.

Nach zwei Tagen ohne Schlaf beginnt das Gesicht einzufallen.

Während ich all das erledige, überholen mich drei Gespanne. Ich stelle fest, daß sich bereits Allianzen bilden zwischen denen, die etwa gleich schnell sind und etwa den gleichen Rhythmus haben. Als ich nach einer Stunde Rast für mich – und fünf für meine Hunde – kurz davor bin aufzubrechen, überholen mich zwei Musher. Sie halten auf meiner Höhe an, um sich mit mir zu unterhalten. Zumindest glaube ich das voller Naivität. Eigentlich wollen sie nur wissen, wann die anderen drei Gespanne hier vorbeigefahren sind, denn sie hoffen, sie einzuholen, und wollen zusammen mit ihnen Carmacks verlassen. Dann fragen sie mich, wann ich weiterfahre.

„In zehn Minuten", antworte ich.

Das stimmt nicht. Ich breche erst in einer Stunde auf. Aber ich hatte das Gefühl, daß die beiden mit Feuer unter dem Hintern ihre Hunde noch etwas mehr treiben werden.

„Man muß warten, bis die anderen Fehler machen, und sie eventuell provozieren", hatte mir Frank, mein Lehrer, beigebracht.

Nun habe ich Freude an dem Spiel gefunden. Es macht mir Spaß, die beiden davonpreschen zu sehen.

Gegen sechs Uhr morgens brechen wir auf.

„Weiter geht's, ihr Hunde, los!"

Wir starten sofort – wie ein gut eingefahrener, gut geschmierter Motor beim Formel-1-Rennen.

Carmacks

Rums! Krach! Bisher ist alles zu gut gelaufen. Der Lenker ist mit großer Wucht in meinen Bauch geschlagen, und das hat mir die Luft genommen. Ich versuche, wieder zu Atem zu kommen, und schlucke dabei immer wieder -30 °C kalte Luft. Fast muß ich mich übergeben. Ich will gar nicht wissen, wie groß der Schaden ist. Das Geräusch von splitterndem Holz war schrecklich, wie ein Schiff, dessen Rumpf an einem Felsen zerschellt. Kein Schlitten mehr, kein Rennen. Es ist alles aus.

Auf den insgesamt 1700 Kilometern gibt es nur wenige flache Stellen. Das Rennen findet größtenteils in hügeliger Landschaft statt.

Eine Sekunde Unaufmerksamkeit. Eine Sekunde. Nur eine.

Das in meinen Wimpern immer dicker werdende Eis hatte mich gestört. Deswegen habe ich einen Handschuh ausgezogen und den Lenker losgelassen, um diese Mischung aus Rauhreif und Eis, die mir die Sicht nahm, zu entfernen. Warum muß dieser Baum, einer der auf den bisher zurückgelegten 250 Kilometern am schwierigsten zu umfahrenden Bäume überhaupt, genau in dem Moment, wo ich etwas unkonzentriert bin, an dieser Stelle stehen? Das möchte ich wirklich wissen.

Ich bin außer mir vor Wut! Warum habe ich nicht angehalten, um diesen fast chirurgischen Eingriff vorzunehmen. Jetzt haben meine Augen nichts anderes mehr zu tun als zu weinen!

Weil es nicht gut ist, den Rhythmus der Hunde zu unterbrechen, versucht man, alles im Fahren zu erledigen: das Eis vor den Augen zu entfernen, aber auch eine Tasse Brühe einzugießen oder zu pinkeln (wobei man allerdings die Windrichtung beachten sollte!).

Verdammtes Rennen!

Schließlich überwinde ich mich, nach dem Schaden zu sehen. Unglaublich! Was zerbrochen ist, ist ein toter Baumstumpf! Der Schlitten hat ihn zermalmt, nachdem er gegen den Baum geprallt war. Der Schlitten ist heil geblieben!

Gegen acht Uhr herrscht absolute Dunkelheit. Sie kündigt die Morgendämmerung an. Endlich wird es hell. Zum Glück, denn die Landschaft hier ist märchenhaft. Ich weiß es, weil ich vor zwei Jahren mit Diane und Montaine hier durchgefahren bin. Ich habe eine Stelle wiedererkannt, an der wir gecampt hatten. In einigen Stunden werde ich bestimmt an einer ähnlich geeigneten Stelle vorbeikommen. Heute ist der Rhythmus ein anderer. In 24 Stunden legen wir zwischen 130 und 160 Kilometer zurück. Auf unserer Expedition nahmen wir uns dafür drei bis vier Tage Zeit! Es ist nicht das gleiche Erlebnis. Die Sterne werden allmählich schwächer, und die massiven und hohen Formen der Berge erscheinen ganz schwach am klaren Himmel, der sich im Osten rötlich färbt. Eine Folge von mehr oder weniger großen, allesamt herrlichen Seen, die durch kurvige, aber gut ausgebaute Pisten miteinander verbunden sind, dienen mir als Anhaltspunkt, um meine durchschnittliche Geschwindigkeit auszurechnen. Es sind etwa 14 Kilometer pro Stunde. In der Morgendämmerung habe ich zwei oder drei im Aufbruch befindliche Gespanne überholt sowie ein anderes auf einem See, dessen Hunde gerade einen Snack bekamen.

Ich weiß nicht mehr so genau, auf welchem Platz wir liegen –, es ist mir auch egal.

Ich durchquere einen dichten Wald, in den kein Licht fällt. Träume ich? Zwei Augen auf der Piste. Ein Elch!

Für derartige Begegnungen führt jeder dritte Musher in Alaska einen Revolver im Gürtel mit. Ein Elch ist äußerst gefährlich, wenn er auf einer Piste mit Hunden zusammentrifft. Mit seinen stelzenartigen Beinen würde sich der Elch niemals freiwillig in den Tiefschnee begeben, wo er sich kaum noch verteidigen kann. Deshalb benutzt er, um von einem Ort zum anderen zu gelangen, entweder seine eigenen Pisten bzw. die seiner Artgenossen oder die von anderen Tieren oder vom Menschen angelegten. Wenn ein Wolf einen Elch angreifen will, setzt er ihm tagelang zu und versucht, ihn aus seinen Spuren zu treiben, um ihn zu erschöpfen und schließlich anzugreifen. Mit seinen Vorderbeinen, die in äußerst harten und schneidenden Hufen enden, besitzt der Elch eine Waffe, mit der er ein halbes Dutzend Wolfsköpfe im Nu zertrümmern kann. Wenn er ein Hundegespann angreift, kommt es zu einem Blutbad. Jedes Jahr kommt es zu furchtbaren Unfällen. Hier fünf Hunde, da neun oder gar zwölf Hunde, bevor es dem Musher gelingt, den Elch zu erlegen.

Meine einzige Waffe ist meine Axt.

„Mist."

Ich lege mich mit dem ganzen Gewicht auf die Bremse und versuche, die Axt zu ergreifen, aber die Hunde jagen auf den Elch zu.

Als ich, die Axt in der Hand, den Kopf hebe, stoppt der Schlitten plötzlich. Es ist kein einziger Hund mehr auf der Piste zu sehen! Sie sind alle in den Bäumen verschwunden und haben dabei Leinen und Zuggeschirre verheddert. Der Elch ist verschwunden – wohl in diese Richtung.

Diese Nacht habe ich wirklich Schwein.

Vor zwei Jahren im Sommer hatte ich mit Diane und Montaine ein ähnliches Erlebnis und das gleiche Glück – mit einem Grizzly. Überrascht hatte er sich aufgerichtet, als wir durch die Erlen ritten. Wir dachten, er würde angreifen. Aber nach einer uns unendlich erscheinenden Zeit drehte er sich um und ging ...

Wir verlassen den Wald, und ich mache meine Stirnlampe aus, als wir auf einen großen See stoßen, den die Piste in der Mitte durchquert. Ein Gespann von 14 Alaskischen Schlittenhunden kommt heran und überholt mich. Es dürfte etwa einen Kilometer schneller sein als wir. Bergauf hole ich es wieder ein. Da bin ich bestimmt einer der schnellsten!

Gegen zehn Uhr erreiche ich den in Licht getauchten Yukon. An windpolierten Stellen fängt das Eis die Sonnenstrahlen ein und schickt sie regenbogenfarben wieder zurück. Wir fahren jetzt abwechselnd im Wald und auf dem vereisten Fluß.

Die Sonne steigt, und ich komme gerade rechtzeitig in Carmacks an, bevor die Temperatur zur Tagesmitte hin beträchtlich ansteigt. Langsam könnte sich mal die Kälte einstellen. Ich kümmere mich um meine Hunde. Trotz einiger leichter Sehnenentzündungen sind sie bestens in Form.

Dann gehe ich zu der Tafel, auf der die Rangfolge, die Zeiten, die Anzahl der „gedroppten" Hunde und sonstige Informationen angeschlagen sind. Ich liege auf Platz 19. Frank ist sechster und hat etwa zehn Stunden Vorsprung vor mir. Frank fährt immer noch bei den Besten mit, zu denen seine härtesten Gegner zählen, die alle siegen wollen: John Schandelmeier, Sieger im letzten Jahr, Rick Mackey, Sieger des Iditarod-Rennens und zweiter im letzten Jahr, und Mark May, Star des Yukon-Quest-Rennens, auf den viele Wetten laufen. Ich stelle fest, daß etliche Gespanne Hunde gedroppt haben. Im Durchschnitt sind alle in einer Etappe von 14 auf 13 oder gar zwölf Hunde pro Schlitten gekommen.

Ich höre, daß der erste Musher aufgegeben hat. Ein Norweger, den ich gerne hatte. Sein Gespann hat sich einen Virus eingefangen.

Da die Temperatur nicht vorhat, in den nächsten 24 Stunden zu sinken, gönne ich meinen Hunden neun Stunden Schlaf, damit wir in der folgenden Nacht eine längere Etappe hinter uns bringen können, d. h. 90 Kilometer in einem Rutsch bis McCabe. Egal, ob ich meinen Platz verliere, wenn ich so spät aufbreche.

Seit drei Tagen, elf Stunden und genau 41 Minuten, d. h., seit wir Whitehorse verlassen haben, habe ich insgesamt etwa drei Stunden geschlafen. Ich bin müde, aber nicht erschöpft. Diane findet sogar, daß ich im Vergleich zu vielen anderen, die wie Zombies hier ankommen, gut in Form bin!

Während des gesamten Rennens bekommt man in 24 Stunden durchschnittlich zwei Stunden Schlaf. Die Müdigkeit ist der größte Feind der Musher.

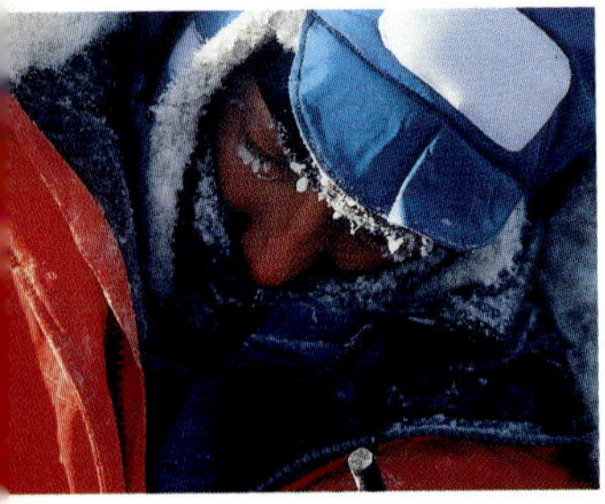

Totoche schwört, daß wir bei dem Glück, das wir haben, „es ihnen allen zeigen werden“...

Ich amüsiere mich über die wenigen Worte, die andere Musher, Journalisten und Organisatoren mit mir austauschen. Bis auf eine oder zwei nette Bemerkungen sind die allgemein ausgesprochenen Ermunterungen und Glückwünsche dermaßen herablassend, daß sie fast schon unverschämt sind. Ich bin der einzige, den man beglückwünscht, den Checkpoint erreicht zu haben, als ob die Leistung meiner Hunde eher mit einem Wunder als mit der angekündigten Realität zu tun hätte.

„Der Franzose mit seinen Eskimohunden ist da!“

Was für ein Wunder!

Wartet nur ab. Sobald die Temperatur sinkt, werden wir euch zeigen, mit wem ihr es zu tun habt!

Im Troß geht bereits das Gerücht, daß meine Hunde trotzdem schnell und in bester Verfassung sind und vor allem, daß wir uns möglichst schonen, bis es kalt wird. Die meisten Musher dachten, ich hätte bereits alle Kräfte verbraucht, um den ersten Checkpoint in einer guten Zeit zu erreichen.

Es ist unmöglich, in einer Ecke des großen Speisesaals, der den Mushern zum Ausruhen zur Verfügung steht, zu schlafen. Es ist ein ständiges Kommen und Gehen, Reden und Türenschlagen. Die Kinder der Köchin machen einen Heidenlärm. Das regt mich auf, denn ich muß schlafen. Wütend stehe ich auf und gehe zurück zu meinen Freunden. Diane rät mir, mich wieder hinzulegen. Aber es ist zu spät. Ich esse und trinke mehr als einen Liter Kaffe. Dann kehre ich zu meinen Hunden zurück und bereite die nächste Etappe vor.

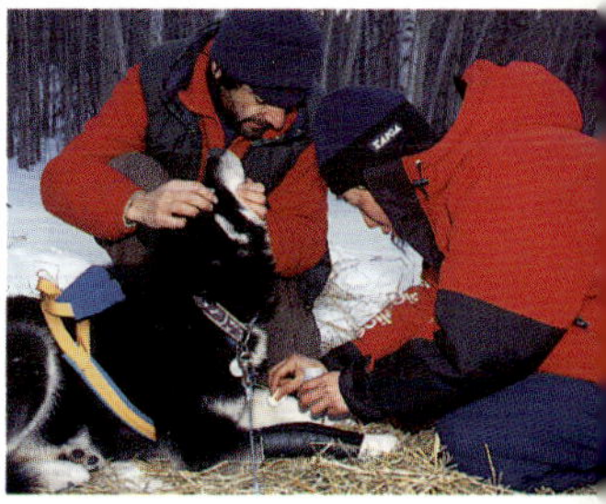

Jeder Hund wird an den Checkpoints von den Tierärzten sorgfältig untersucht.

An den Checkpoints wird der Proviant aufbewahrt, der im voraus vorbereitet und von der Organisation ordentlich beschriftet und getrennt verschickt wurde. Man kann einpacken, so viel und was man will, es gibt keine Begrenzung. Aber bei Strafe und anschließender Disqualifikation ist es strengstens verboten, irgend etwas anderes am Checkpoint anzunehmen. Ausgenommen davon ist natürlich das Essen, das die Musher dort bekommen.

Als Teilnehmer an dem Rennen wird einem jedoch bald klar, daß unter der Hand einiges geht. Man darf sich eben nicht erwischen lassen, weder von einem spitzelnden Musher noch von den zahlreichen Richtern und Organisatoren, die nicht immer wegschauen.

Ich spanne an, lege einige Hundeschuhe an und streichle viel.

Es ist neun Uhr, und die Nacht liegt vor uns. Ich habe Gewissensbisse, daß ich meine Hunde wecke. Sie liegen so warm und weich in dem von der Organisation in den Checkpoints zur Verfügung gestellten Stroh, und ich spüre, daß sie nach diesen 300 Kilometern gut die ganze Nacht geschlafen hätten. Eine Minute vor dem Start sind alle meine Skrupel wie weggeblasen: Die Mäuler gen Himmel gerichtet, beginnt das Rudel einstimmig zu heulen. Die Hunde sind glücklich. Alle Leute bleiben plötzlich stehen. Die Organisatoren sperren die Augen auf, sie bewundern dieses Wolfsgeheul, das sie nicht gewöhnt sind. Alaskische Schlittenhunde bellen, sie heulen nicht – oder nur schlecht!

Totoche frohlockt: „Ich hab's euch doch gesagt. Ich hab's doch gewußt. Habt ihr gesehen, wie gut die Hunde drauf sind?"

Folgende Seiten: Es bilden sich Allianzen. Hinter Carmacks reisen zwei Musher gemeinsam weiter.

Alle zwei Stunden mache ich einige Minuten Pause, um die Hunde zu tränken, zu füttern und jeden einzelnen zu untersuchen. Und natürlich, um sie mit vielen Streicheleinheiten zu belohnen.

Ich bin selbst ganz gerührt. Alain erzählt mir später, daß auch ihm ganz feierlich zumute war. Dieses Gespann nach so einem wilden, schönen Gesang in der Nacht verschwinden zu sehen wird mehr als einem in Erinnerung bleiben. Ich muß schon sagen, meine Hunde erstaunen mich. Sollte ich ihnen nicht mehr zutrauen und etwas beschleunigen?

Nein, nein und nochmals nein! Das Rennen ist lang, sehr lang. Meine Strategie ist genau richtig. Ich werde im Auge behalten, wie die anderen die Zahl der Hunde im Gespann verringern, und vor allem muß ich auf die Kälte warten!

Ich habe Carmacks auf Platz 18 verlassen. Vor mir in der Rangordnung liegt ein Musher, dessen Hunde zu müde sind. Die Tierärzte haben ihm verboten, vor elf Uhr aufzubrechen. Aber ich fühle mich auf meinem Schlitten wie ein Löwe im Käfig. Ich kann es gar nicht erwarten, etwas auf die Tube zu drücken.

Ich beschließe, mir auf den 150 Kilometern vor Dawson eine kleine Extrawurst zu genehmigen. Wenn meine Hunde gut in Form sind und die Temperatur nicht zu hoch ist, werde ich probieren, Tempo zu machen, nur um zu sehen, ob es klappt. Und ehrlich gesagt auch, damit man endlich aufhört, uns zu belächeln.

Ankunft in Carmacks auf dem Yukon, den hier eine Brücke überquert.

Packeis und Wölfe

Am Yukon gibt es viele Wölfe, denen man auch häufig begegnet.

Drei Stunden, nachdem wir Carmacks verlassen haben, überfällt mich eine bleierne Müdigkeit. Ich werde richtig schläfrig. Meine Augenlider wollen ständig zufallen. Wenn es nach mir ginge, würde ich auf der Stelle den Schlitten anhalten und mich da, wo ich bin, in den Schnee fallen lassen! In der nächsten halben Sekunde wäre ich bereits eingeschlafen.

Bin ich dumm. Ich denke an ein schönes warmes Bett, eine kuschelige Decke, unter der ich mich an Dianes Körper schmiege. Welche Qual!

Ich bin derart müde, daß ich mich nur unter größten Anstrengungen wach halte.

Als wir gegen zwei Uhr morgens nach 40 Kilometern im Wald auf den Yukon stoßen, überquert etwa 100 Meter vor uns ein Rudel von sechs Wölfen den Fluß. Ich werde etwas wacher. Ich habe sowieso keine Wahl. Um auch noch nachts in diesem elenden Packeis voranzukommen, muß man ganz schön aufmerksam sein. Außerdem kommt gerade ein Schneesturm auf. Der Wind bläst mir direkt ins Gesicht. Das ist – gelinde gesagt – verdammt unangenehm. Zu allem Übel kommt noch hinzu, daß Amarok schlappmacht und nach dem Snack um vier Uhr früh nicht mehr weiterlaufen will. Ich lasse ihn aufsitzen, aber der Schlitten schlingert zwischen den Eisklötzen unkontrolliert hin und her – wie eine Nußschale in den Wellen eines tosenden Meeres. Die Kanadier nennen das *pack,* Packeis. Amarok gefällt das gar nicht, und er springt alle fünf Minuten ab, wenn er nicht sogar vom Schlitten hinuntergeschleudert wird! Ich habe die Nase voll.

Gestrichen voll.

Wieviel Kilometer sind es noch? 20? 30? Ich versuche, daran zu glauben, daß es 20 sind, aber ich weiß genau, daß es 30 sind.

Verdammtes Rennen! Ich bin erschöpft. Mein Rücken ist wie durch die Mangel gedreht. Ich habe überall Muskelkater. Und plötzlich übergeben sich meine Hunde einer nach dem anderen!

Ein Virus! Schluß. Ich bin fertig. Das ist zu ungerecht. Ich kann es gar nicht glauben.

Ich halte eine Stunde an, gebe zu trinken und jedem meiner elf Schneeläufer eine Scheibe Lachs. Wir fahren weiter Richtung McCabe. Dort gibt es Hütten und Tierärzte.

Die letzten zehn Kilometer in der dunklen Nacht sind ein wahres Martyrium: Packeis, Slutch (Mischung aus Wasser und Schnee), Eis, Overflow (Wasser auf Eis). Der Schlitten kippt zwanzigmal um.

„Na, da werden sich diejenigen freuen, die vorausgesagt hatten, daß wir es nicht weit bringen würden."

Ich werde McCabe niemals erreichen. Es nimmt kein Ende, und es ist immer noch weit. Die Stunden vergehen, und ich kann nicht mehr. Endlich, ein Licht. Andere Gespanne. Ich parke und versorge meine Hunde, bevor ich mich auf die Suche nach einem Tierarzt begebe. Er untersucht die Meute sorgfältig, kann aber keine Diagnose stellen.

Trotz dieser Ungewißheit schlafe ich tief und fest. Heilsamer Schlaf von mehr als vier Stunden. Es kommt mir vor, als würde ich ewig schlafen. Als ich aufstehe, ist es elf Uhr, und es schneit nicht mehr. Das Thermometer macht sich jedoch über mich lustig.

-5 °C. Ein Rekord!

„Na, ihr Hunde, seid ihr fit?"

Es macht ganz den Eindruck. Der Hundekot sieht gut aus. Sie fressen alle und stehen mit aufgestelltem Schwanz auf, sobald sie mich sehen. Keine Anzeichen von Krankheit mehr. Blinder Alarm.

Um mir das zu beweisen, schaffen sie trotz der hohen Temperatur eine Wahnsinnsetappe. 50 Kilometer in drei Stunden und elf Minuten, das sind fast zehn Meilen in der Stunde!

Fröhlich und im Galopp erreichen wir Pelly-Crossing, den letzten Checkpoint vor Dawson.

Die Musher sprechen inzwischen anders mit mir. Ich bin angeblich an 16. Stelle. Totoche hat eine Grafik erstellt: 20 Kilometer nach dem Start war ich auf Platz 28, nach 160 Kilometern auf Platz 21,

DIE GESCHICHTE DER SCHLITTENHUNDE

Die Zähmung des nordischen Hundes soll etwa 10 000 Jahre v. Chr. in Sibirien stattgefunden haben. Zu jener Zeit war die Beringstraße Land, und über sie wanderten die asiatischen Völker während des Sommers in Richtung des amerikanischen Kontinents. Damals benutzten diese Menschen noch keine Hunde. Aber allmählich begannen sie, diese für die Jagd aufzuziehen. Die verschiedenen ethnischen Gruppen bevorzugten unterschiedliche Hundearten. So sind im Laufe der Zeit vier Hunderassen entstanden:

Sibirischer Husky: Von den Chukchis in den östlichsten Gebieten Sibiriens aufgezogen. Sie benutzten ihn als Zugtier und züchteten eine ganz bestimmte Art mittlerer Größe mit halblangem Fell.

Malamute: Von den in Alaska lebenden Malliumiut gezüchtet. Sie brauchten sehr kräftige Hunde, die schwere Lasten ziehen konnten.

Samojeden Spitz: Von den Samojeden, ein Volk mongolischen Ursprungs, gezüchtet. Sie benutzten das Rentier als Zugtier und den Hund als Hirten- und Jagdhund. Er hat sich den sehr strengen Wetterverhältnissen der Regionen östlich des Urals und westlich des Jenissej angepaßt, ist von mittelgroßer Statur und hat sehr dickes, dichtes, langes weißes Fell.

Grönländer: Die Grönländer waren die letzten der Völkerwanderung mongolischer Völker von Asien nach Nordosten. Sie paßten sich den rauhen Lebensbedingungen erfolgreich an und züchteten urwüchsige und zähe Hunde heran, die geeignet waren für die Jagd auf große Tiere wie Polarbären, denen sie auf dem Packeis nachsetzten.

nach 300 Kilometern auf Platz 19, und nach 400 Kilometern auf Platz 16. Man kann sich denken, was Totoches Phantasie aus den Fakten der Grafik folgert: Er sieht mich schon als 14. in Dawson ankommen.

Die Organisatoren kündigen eine Kältewelle an. Endlich zeigt sich meine alte Freundin. Wenn die Kälte kommt, könnte Totoche vielleicht recht behalten.

Die Etappe Pelly–Dawson ist eine der längsten (350 Kilometer) und schwierigsten des ganzen Rennens. Eine gute Stelle, um zum ersten Mal „auf die Tube zu drücken".

An den Checkpoints werden die gedroppten Hunde abgeholt.

Ich beschließe, Amarok und Taiga zu droppen. Sie würden das Tempo nicht durchhalten. Vorsicht ist besser als Nachsicht. Ich bin nicht in dieses Rennen gegangen, um die Hunde zu etwas zu zwingen, wozu sie keine Lust haben. Der im Fall des Droppings mit den üblichen Formalitäten beauftragte Tierarzt kann es gar nicht glauben. Sein Vordruck ist schwarz vor lauter Kästchen; Sehnenentzündung, Erbrechen, Erschöpfung, linke Vorderpfote dies, rechter Hinterballen jenes, aber er hat kein Kästchen dafür: Dem Hund geht es gut, aber der Musher trennt sich von ihm ...

Also, wirklich, dieser Franzose ist schon merkwürdig!

Während des Rennens bekam ich den Spitznamen *the poor lonesome French musher*. Denn ich fuhr immer allein, während die anderen auf mehr oder weniger langen Strecken Allianzen bildeten, wie die Fahrradfahrer der Tour de France. Auf der ersten Position wechseln sie sich nach einem verabredeten Rhythmus ab. Oder aber sie lassen bergauf den nach vorne, der da besonders stark ist, einen anderen bergab, einen dritten am Ende der Strecke usw. Mit dieser Technik kommen sie als Gruppe vorwärts und erhöhen gleichzeitig die Durchschnittsgeschwindigkeit des einzelnen. Das ist das berühmte „eins plus eins ist drei". In einer solchen Gruppe zu reisen ist von Vorteil, aber mein Gespann ist einfach anders. Stellen Sie sich einen Maulesel in einem Pferderennen vor. In der Ebene abgeschlagen, bergauf behindert, in zehn Stunden eine Etappe hinlegen, während andere zwei machen. Unmöglich.

Allein zu reisen hat auch einige Vorteile. Ich folge meinem Rhythmus oder besser gesagt dem der Hunde. Wenn ich der Meinung bin, daß ich halten sollte, gehe ich nicht woandershin, weil die anderen weiterfahren wollen.

Manchmal kann man mit einem Vorsprung von zehn Kilometern später 30 Kilometer rausholen. Man darf nicht vergessen, daß es das Ziel ist zu überholen. Dafür muß man seine Stärken und Schwächen kennen. Wenn man eine Etappe zusammen mit anderen Konkurrenten zurücklegt, kann man die anderen studieren.

Aber man muß sich in acht nehmen. In einem Jahr waren sie zu dritt vorne. 300 Kilometer vor dem Ziel hat einer der Musher die Position seiner Hunde geändert. Er wußte, daß sein Gespann durch die beiden langsameren Leithunde gebremst wurde. Beim folgenden Halt ließen die beiden anderen ihn mit einer Stunde Vorsprung fahren. Sie hatten sich ausgerechnet, daß sie ihn in weniger als fünf Stunden einholen würden. Sie waren über 15 Stunden vom Ziel entfernt. Sie haben ihn nie wieder gesehen.

Es gibt viele Tricks. Der klassische besteht beispielsweise darin, seine Hunde kurz vor dem Checkpoint „im Verborgenen" fünf oder sechs Stunden ausruhen zu lassen. Die anderen Teilnehmer denken, man habe mehrere Stunden Verspätung. So erschrecken sie nicht, wenn sie die Plazierung auf der Tafel ansehen. In Wirklichkeit hat man aber einen Vorsprung von sechs Stunden Ruhe, mit denen man später sechs Stunden länger laufen kann. Neben den vermeintlichen Ankünften gibt es auch heimliche Abfahrten: Musher, die auf Strümpfen oder im Hemd den Checkpoint verlassen, weil sie angeblich pinkeln müssen, und dann verschwinden ...

Ich verlasse Pelly-Crossing mitten in der Nacht. Der Mond, der zu Beginn des Rennens schwarz war, wird immer heller. Auf dem Yukon kann ich sogar meine Stirnlampe ausmachen. Die Piste ist gut, ein wenig abschüssig. Ich brauche nur mein ganzes Gewicht auf eine Kufe zu verlagern, damit wir gerade bleiben. Die Hunde traben gleichmäßig wie ein Uhrwerk dahin.

Jérôme hat Taiga und Amarok aufgesammelt. Der arme ist erst jetzt zum Rennen dazugekommen. Er hatte sich beim Hundeverladen den Rücken gezerrt und drei Tage im Krankenhaus verbringen müssen, anstatt das Rennen zu verfolgen, auf das wir uns zwei Jahre lang vorbereitet haben.

Die Schuhe müssen oft ausgetauscht werden, da sie schnell verschleißen.

Uktu ist immer fröhlich.

Nach einer kleinen Pause, abseits der Strecke, müssen wir wieder auf die Piste zurück.

Ich verteile Snacks. Ein schöner Moment, den die Hunde und ich gutgelaunt genießen.

Ich bin glücklich, ihn in Pelly wiederzusehen. Er ist frustriert, daß er die Hunde nicht streicheln darf. Aber so ist die Vorschrift. Niemand darf auf die eine oder andere Weise helfen, auch der Handler nicht. Und einen Hund streicheln ist helfen. Es ist bewiesen, daß es dazu beiträgt, die im Blut und in den Muskeln angestaute Milchsäure abzubauen. Kein Medikament ist in der Lage, eine gute Streichel-Massage zu ersetzen.

Die Vorschriften enthalten auch eine ganze Liste von Mitteln, die verboten sind, wie z. B. Schmerzmittel, Aspirin, Entzündungshemmer. Im Grunde ist alles verboten, was die Gefühle von Müdigkeit und Schmerz beseitigen und den Hund dazu bringen würde, seine Grenzen zu überschreiten. An jedem Checkpoint werden Dopingkontrollen durchgeführt.

Verwechslungsgefahr besteht nicht, denn jeder Hund hat einen reiskorngroßen Chip unter der Haut, der mit einem Scanner gelesen wird. Es ist ein regelrechter Ausweis und ersetzt die herkömmliche Tätowierung im Ohr, ohne einen Juckreiz hervorzurufen. Der Vorteil ist, daß in den gedruckten Schaltungen des Chips die ganze Krankengeschichte des Hundes gespeichert ist. Der Tierarzt hält den Scanner drauf, und „schwupp" ist alles erledigt. Der nächste, bitte! Das nenne ich Fortschritt! Das würde den Trappern der fünfziger Jahre die Mokassins ausziehen! Man erzählt sich, daß es einem Musher gelungen sei, drei oder vier Chips mit den Codes seiner im Rennen befindlichen Hunde herzustellen, um sie auf halber Strecke austauschen zu können! Gerücht oder Wahrheit?

Es konnte nichts bewiesen werden, aber das wundert mich nicht wirklich. Bei diesen Rennen ist so viel Geld im Spiel, daß manche Musher alles tun würden ... Das ist übrigens einer der Aspekte, die mir nicht besonders gefallen.

Wo sind die Musher, die aus Liebe zu den Hunden, zum Norden, zum Nordlicht teilnehmen?

Frank gehört dazu, aber diese Art stirbt allmählich aus.

Armer Frank, er mußte in Pelly-Crossing drei Hunde droppen, die sich Sehnenentzündungen und Schulterzerrungen zugezogen hatten, während seine Hauptkonkurrenten mit 13 oder 14 Hunden weiterlaufen. Das ist ein schwerer Schlag, von dem man sich nur schwer erholt, vor allem so früh.

Einer seiner Freunde hat mir erzählt, daß seine seelische Verfassung gar nicht mehr gut war, als er den Checkpoint verließ.

Aber er ist der führenden Gruppe aus drei Gespannen immer noch auf den Fersen. Wird er es schaffen, mit ihnen mitzuhalten?

Alle zweifeln daran. Und die Presse verkündet bereits, daß der *recordman of the Quest* wahrscheinlich nicht auf dem Siegertreppchen stehen wird.

Tempo machen

Etwa 60 Kilometer von Pelly-Crossing entfernt bieten zwei Trapperhütten eine Aufenthaltsmöglichkeit. Davor parken fünf Gespanne. Ich überlege, ob ich nicht noch ein bißchen weiterfahren soll, um die Nacht auszunutzen, aber heute haben wir sowieso keine Wahl, denn wir werden auch tagsüber fahren müssen.

Bergab dürfen die Hunde nicht zu schnell galoppieren, sonst kommt uns das später teuer zu stehen. Es sollte immer ein und derselbe Rhythmus beibehalten werden.

Ich halte und untersuche sorgfältig die 36 Pfoten meiner neun Hunde. Zwei Stunden Massage und ein paar Neoprenbänder werden ausreichen.

Ich schlafe zwei Stunden und gehe gegen zehn Uhr wieder zurück auf die Piste. Das Aufstehen ist mir nicht leichtgefallen. Gerne hätte ich mich noch 20 Stunden ausgeruht.

Der Wetterbericht hat sich geirrt. Es ist warm, viel zu warm: -10 °C. Und meine Hunde hecheln bergauf wie Lokomotiven. Ich stoppe häufig und überhole dennoch zwei Gespanne.

Aber anstatt diese Überholmanöver zu genießen, ärgere ich mich, denn ich stelle mir vor, was meine Hunde bei normaler Temperatur geleistet hätten.

Gegen 15 Uhr ist es wirklich zu warm. Ich gönne uns drei Stunden Ruhe, schaffe es mit einer List, die Hunde zum Trinken zu bewegen, indem ich Fleischbrühe mit Wasser vermische, in das ich Fisch getaucht habe. Aber das überzeugendste ist das kleine Stück Leber, das in vier Zentimeter Wasser liegt. Die Hunde trinken, um es zu erwischen.

Drei Stunden Halt – und doch überholen mich die Gespanne, die ich überholt habe, nicht wieder. Kurz bevor ich aufbreche, erreicht mich Jim Hendrick, einer der Stars des Yukon-Quest-Rennens. Jim ist nett. Er hält seine Hunde an, um fünf Minuten mit mir zu plaudern. Ich biete ihm einen Kaffee und ein paar Süßigkeiten an und gehe dann wieder.

Meine Uhr zeigt 17.10 Uhr. Ich lasse ihm eine Viertelstunde Vorsprung und fahre dann los. Ich spüre, daß diese Pause meinen Hunden gutgetan hat. Sie japsen vor Freude weiterzulaufen, und ich muß sie bremsen, damit sie nicht galoppieren.

Etwas wehmütig passiere ich die Spuren eines unserer Lager von vor zwei Jahren. Es vergeht eigentlich keine Stunde, in der ich nicht an diese Reise zurückdenke, die ich mit Diane und unserer kleinen Tochter im Schlitten unternommen habe. Rückblickend wird mir klar, was uns diese Reise gebracht hat. Es war ein ungeheures Erlebnis. Wird sich Montaine daran erinnern? Was wird sie davon behalten? Eine tiefe Liebe zur Natur, da sind wir uns sicher.

Und ist das nicht das Wichtigste?

Diane und ich haben auf dieser Expedition neue Kräfte gesammelt, die uns eine andere Sicht auf das Leben vermitteln. Wir finden Dinge wichtig, die andere unerheblich finden, und umgekehrt. Sind wir deswegen anders? Ehrlich gesagt, glaube ich das nicht. Auch Montaine bleibt ein kleines Mädchen wie alle anderen, auch wenn sie fragt, wer das Tier getötet hat, von dem das Steak stammt, das auf ihrem Teller liegt.

Wir erreichen nun das Gebiet der Black Hills, ein wahres Niemandsland, unbewohnt und so groß wie zehn französische Departements zusammen. So weit das Auge reicht: nur Hügel und Berge. Die Yukon-Quest-Piste führt hier ständig hoch und runter. Bergauf, bergab ist hier Programm.

Die Etappe ist lang, und die Schlitten sind schwer beladen. Diejenigen, die ihre Hunde nicht trainiert haben, schwere Lasten auf Hängen zu ziehen, sind nicht begeistert. Meine Hunde haben hier schon zwei Personen, ein Kind und 300 Kilogramm Ausrüstung hochgezogen. Die kennen das. Wir sind schnell, und nach zwei Stunden habe ich Jim eingeholt. Wie dies üblich ist, hält er sein Gespann an und fragt mich, ob ich vor ihm fahren möchte. Ich folge ihm lieber; überholen kann ich später immer noch. Ich bereue meine Entscheidung nicht. Meine Hunde scheinen ihm gern zu folgen, noch dazu, wo Jim wunderbar singt. Unter den gelben und lila Nordlichtern, die den von einem erstaunlich glänzenden Mond erleuchteten und reich bestückten Sternenhimmel in Flammen setzen, traben wir fröhlich auf dem Kamm eines hohen Hügels dahin. Links und rechts sind die Täler in Dunkel getaucht. Es ist ein Moment von erhabener Schönheit.

So geht es zwei Stunden dahin, und die Nacht ist so hell, daß wir unsere Stirnlampen gar nicht anschalten müssen. Wenn Jim stehen bleibt, um eine Batterie zu wechseln oder ein Zugseil zu entwirren, halte ich ebenfalls und nutze die Gelegenheit, um eine Tasse Brühe zu trinken. Gegen drei Uhr früh macht Jim Pause. Seine Hunde sind müde. Ich ziehe an ihm vorbei. Mein Gespann tut nichts lieber als weiterzulaufen. Diese wunderbare Nacht verleiht ihnen Flügel. So fahren wir in einem Rutsch und ohne langsamer zu werden bis Scroggie-Creck. Dort stoße ich auf drei Konkurrenten, die ich nie zuvor gesehen habe. Zwei der drei Musher kommen und beglückwünschen mich herzlich.

„Ay! Nicolas! Well done! Wow!"

Sie fahren in zwei Stunden weiter und bieten mir an, mit ihnen im Team bis Dawson zu fahren, oder wenigsten bis zur Hütte des Trappers Jim Dubois, die etwa zehn Stunden Pistenfahrt von Scroggie-Creck entfernt liegt. Jedes Jahr nimmt er Musher bei sich auf, die sich ausruhen möchten.

„Danke, ich will meinen Hunden mindestens fünf Stunden geben."

Sie bedauern meine Entscheidung. So nett sie auch sind, ich habe sie schwer im Verdacht, versucht zu haben, meine Hunde fertigzumachen. Sie sind Profis und wissen genau, daß ich nach einer achtstündigen Etappe in den Bergen einen fatalen Fehler begangen hätte, wenn ich so schnell wieder aufgebrochen wäre. Frank hatte mich gewarnt: „Das Yukon-Quest-Rennen ist eine Reihe von Fehlern, die man nicht machen darf. Die Konkurrenten können einem auch Fallen stellen." Da kommt Freude auf!

In Scroggie-Creck hat die Organisation zwei beheizte Zelte aufgestellt, in denen man essen und schlafen kann. Sie sind sehr willkommen. Bei -50 °C dürften sie es noch mehr sein.

Jim kommt drei Stunden nach mir an. Wie es aussieht, ist er beleidigt, daß ihn ein „kleiner" Franzose abgehängt hat. Aber der alte Fuchs nimmt zum achten Mal am Quest-Rennen teil und ist viel zu schlau, um zu versuchen, mir zu folgen. Es liegen noch 900 Kilometer vor uns. Das reicht, um sich zu messen.

Ich stelle mit wahrer Freude fest, daß sich Frank in der Spitzengruppe hält, obwohl er drei Hunde weniger hat. Weiter so, Frank!

Wie ein *poor lonesome French musher* fahre ich gegen zehn Uhr früh weiter. Das Thermometer zeigt -15 °C. Wie ärgerlich! Als ich mit Diane und Montaine Ende März hier war, hatten wir - 45 °C.

Knapp eine Stunde, nachdem wir Scroggie verlassen haben, sehe ich ein Gespann, das am Rande der Piste steht. Der Musher läuft mit einem Hund an der Leine in entgegengesetzter Richtung! Ich halte an. Es ist einer der drei Musher, die mir angeboten hatten, mit ihnen zu kommen.

„My leader doesn't want to go. I'm scratched."

Sein Leithund will nicht mehr weitergehen. Er meint, das sei sein Ende, und erklärt mir, daß kein anderer seiner Hunde nach vorne gehen kann. Er hat schon alles versucht, selbst ihn an der Leine spazieren zu führen, aber der verdammte *buck* streikt einfach. Ich biete ihm an, mir zu folgen.

„Nein, nein. Meine Hunde sind müde. Ich werde warten."

Ich fahre weiter und muß gestehen, daß ich über das Pech dieses armen Mushers nicht unglücklich bin!

Meine Hunde sind super in Form, und selbst ohne besondere Anstrengung rücken wir in der Rangliste immer weiter nach vorne. Gar nicht so übel! Ich bin jetzt in der ersten Hälfte des Feldes. Große Profis befinden sich mittlerweile hinter dem „kleinen Franzosen mit seinen dicken Eskimohunden".

Ich träume von einer Kältewelle, die mich der Spitzengruppe näherbringen würde.

Meine Hunde können es schaffen. Sie haben es mir bewiesen.

„Ich bitte dich, Kälte, komm endlich zurück!"

Die Etappe zwischen Scroggie-Creck und Dawson gilt mit derjenigen am Eagle Summit als die schwierigste des Rennens.

Wir beginnen den Aufstieg gegen Mittag, und ich laufe im Hemd hinter dem Schlitten her.

Selbst als Marathonläufer und trotz einwandfreier körperlicher Verfassung leide ich. Der fehlende Schlaf trägt sicher viel dazu bei.

Ich habe innerhalb von fünf Tagen knapp acht Stunden geschlafen. Das ist wenig, vor allem, wenn man die restlichen Stunden so voll beschäftigt ist.

Torok und Nanook legen eine Meisterleistung hin. Zu zweit ziehen sie die ganze Meute bis nach oben, ohne ein einziges Mal stehenzubleiben. Anderthalb Stunden bergauf in einem Rutsch! Oben angekommen, gebe ich ihnen mehrere Kilogramm Streicheleinheiten und einige Snacks.

Wir steigen die gesamten Höhenmeter, die wir aufgestiegen sind, zwei Stunden lang wieder ab. Dann halte ich eine Stunde, um Wasser zu machen und mir auf einem kleinen Feuer eine Mahlzeit zuzubereiten. Ich habe richtigen Kohldampf! Ich lasse die Hunde bis fünf Minuten vor dem Aufbruch schlafen und gebe ihnen nochmals Wasser, verteile Streicheleinheiten und hier und da Hundeschuhe. Es wird Nacht, und die Luft wird kälter. Nicht viel: -20 °C.

Die Black Hills sind ein Kette von Hügeln und Bergen. Über 200 Kilometer geht es nur bergauf und bergab.

Wir nehmen den zweiten Anstieg gegen elf Uhr in Angriff. Dabei werde ich etwas wacher, auch wenn ich oben mit bleiernen Knien ankomme. Ich bin todmüde, die Muskeln sind verkrampft, und der Atem ist kurz.

Wir steigen wieder ab, und ich muß mich zusammenreißen, um den Schlitten nicht unkontrolliert fahren zu lassen. Ich wünsche mir nur noch eins: ankommen, endlich ankommen! Ich bin todmüde. Tot.

Gegen ein Uhr morgens sehe ich im Schein meiner Stirnlampe am Rande der Piste das gesegnete Schild: „5 Kilometer bis zur Hütte von Jim Dubois. Wasser für die Hunde, Essen für die Musher". Jim Dubois, das ist das Hilton der Black Hills. Fünf Kilometer sind lang, wenn jeder Meter eine Qual ist. Noch vier Kilometer.

„Nur Mut, ihr Hunde, bald sind wir da!"

Ich bin stolz, so stolz auf mein kleines Gespann. Endlich sind wir da. Jim ist auf den Beinen, und das wird er während des ganzen Rennens bleiben und sich nur hier und da ein halbes Stündchen zwischen zwei Abfahrenden und zwei Ankömmlingen gönnen. Beim Yukon-Quest-Rennen sind es nicht nur die Musher, die nicht schlafen.

Folgende Seiten: Um den Hunden bergauf zu helfen, führt der Musher den „Schlittschuhschritt" aus.

SCROLL
YUKON SAW

FULDA
DAWSON

Vorherige Seiten: Ankunft in Dawson.

Wenn ich übermäßig müde bin, habe ich das Gefühl, noch mehr Zeit als gewöhnlich für die Pflege meiner Hunde zu brauchen. Eine innere Stimme spricht zu mir:

„Ich weiß, was du willst. Du bist so müde, daß du nur noch ans Schlafen denkst! Ich paß' aber auf! Du mußt das Futter vorbereiten und verteilen, die Pfoten kontrollieren, massieren, das Band für die Vorderpfote von Gao, das für Nanook, das Wasser und so weiter, ohne etwas zu vergessen."

Dieses andere „Ich" ist nicht zimperlich mit dem, der sich schlafen legen will! Ein richtiger Folterknecht!

Ich finde etwas Kraft, um zu essen, und breche dann zusammen. Jim weckt mich zweieinhalb Stunden später, worum ich ihn gebeten hatte. Wir müssen schon wieder weiter. Das Rennen zwingt uns einen Wahnsinnsrhythmus auf.

Ein letzter Berg, und zwar nicht irgendeiner, ist zu besteigen. Der King Salomon's Dome ragt mehr als 800 Meter über Dawson empor, und die Piste führt über den Gipfel. Während wir aufsteigen, überholen wir wieder ein Gespann. Als meine Hunde es sehen, fangen sie an zu galoppieren, was den armen Musher, der im Hang klebt, nur noch mehr frustriert. Ich bleibe stehen und frage ihn, ob er irgend etwas braucht.

Seine Augen sind ganz wirr, der Bart ist voller Reif, der Schnurrbart voller Eis, er hat schwarze Ringe unter den Augen und sieht aus wie eine außerirdische Bulldogge. Er bellt mehr als er spricht. Er verflucht die ganze Welt und vor allem seine Hunde, die den letzten Hang nicht mehr hinaufklettern wollen. In einigen Stunden könnte er in Dawson sein, und ich wette, daß er in diesem Zustand vergessen hat, daß Tiere keine Maschinen sind und Ruhe brauchen. Er hat wohl das Unmögliche gewagt und dabei seine Hunde fertiggemacht. Die jedenfalls wissen, wann Pause gemacht werden muß. Geschieht ihm ganz recht!

Ich lasse ihn bellen und setze den Anstieg fort. Ich laufe hinter dem Schlitten her, den meine Hunde mutig in einem Rutsch bis nach oben ziehen.

Das Schauspiel ist grandios. Mit dem ersten Schein der Morgendämmerung tauchen alle Berge rötlich strahlend aus dem Nebel auf, der die noch in Dunkel getauchten Täler umhüllt. Der Wind fegt über den Gipfel und vertreibt den Schnee, der heftig um die Schneewehen wirbelt. Der wie eine Rasierklinge langgestreckte Gipfel verschwindet vollständig im Wirbelsturm – ebenso wie die Piste, von der keine Spur mehr zu sehen ist. Zum Glück kenne ich den Weg, und die überlegt angebrachten Markierungen sind auch noch erkennbar. Kaum bin ich vorbei, verschwindet die Piste schon wieder hinter mir, als ob der Wind unbedingt die Jungfräulichkeit des Ortes bewahren wollte. Die Hunde durchqueren die Schneewehen, die unter dem nahenden Schlitten zusammenfallen, und versinken in der mit lockerem Schnee aufgefüllten Piste. Zusammen mit dem Wind wirkt die Kälte im Gesicht wie tausend Nadeln. Es ist kaum zu ertragen. Der Wind fegt durch den Pelz der Hunde, in dem sich ein wenig Schnee festgesetzt hat.

Die Abfahrt ist steil, und der Schnee verdeckt die Fallen wie Rillen und Überhöhungen der Piste. Ich lege mich auf die Bremse, um so langsam wie möglich zu fahren, aber die Hunde scheinen das Ziel förmlich zu riechen. Ich kann sie kaum halten, noch dazu, wo es mir auf dem Abhang nicht wirklich gelingt, langsamer zu werden.

Mitten in der Abfahrt stoppe ich, um etwas Luft zu schöpfen und die etwa zehn Hundeschuhe zu überprüfen. Bei diesem weichen Schnee muß man ganz besonders auf die Ballen achten, zwischen denen sich Schneekugeln bilden können. Ich verteile unseren letzten Snack, den die Hunde verschlingen und um dessen verstreute Krümel sie sich vor lauter Aufregung noch streiten. Nie hätte ich gedacht, daß sie so einen Appetit haben. Obwohl ich großzügig gerechnet hatte, ist das Futter aufgebraucht.

Bei einem Rennen besteht die Verpflegung aus etwa zwei Mahlzeiten in 24 Stunden und einem Snack alle zwei Stunden. *Pedigree Pal* hat zwei Jahre geforscht, um ein ausgewogenes, sättigendes und speziell auf die Bedürfnisse des Rudels abgestimmtes Futter mit hoher Energiekonzentration zu entwickeln. Der Energiebedarf eines Schlittenhundes liegt bei ca. 2500 kcal pro Tag. Bei einem Rennen wie dem Yukon-Quest ist dieser Bedarf drei- bis viermal so hoch. Die Ernährung ist ebenso wichtig wie der Kraftstoff bei einem Formel-1-Wagen während eines Grand-Prix-Rennens. Jeder Musher hat da sein Geheimnis. Früher trug *pemmican*, eine Mischung aus Fleisch und Fett, den Sieg davon. Heute weiß man mehr bzw. fast alles über die Bedürfnisse des Schlittenhundes, und wie alles andere ist auch das Hundefutter bis zum Äußersten optimiert; es wird ständig getestet und weiter verbessert.

Der Musher muß dann nur noch einen Weg finden, die Geschmackspapillen der Hunde anzuregen, damit sie Lust haben, mehr zu fressen, oder auch dann zu fressen, wenn sie eigentlich nur schlafen wollen. Jeder hat sein eigenes Rezept. Honig, Hackfleisch, Fischmehl, Brühwürfel, Eipulver werden dem Trockenfutter beigemischt, das bei Langstreckenrennen eingesetzt wird, weil es das einzige ist, das den gesamten Bedarf deckt, ohne die Verdauungsorgane zu belasten.

Frank verfügt an jedem Checkpoint über drei oder vier verschiedene Futter. So hat er mehrere Möglichkeiten, wenn seine Hunde aus Überdruß oder sonstigen Gründen nicht fressen wollen.

Ich verwende von uns entwickelte Kroketten und füge gehacktes Rindfleisch mit einem Löffel Präbiotikum hinzu, um streß- oder müdigkeitsbedingte Durchfälle zu verhindern. Ich mische das ganze mit Wasser. Viel Wasser. Bei Langstreckenläufen ist das Austrocknen noch vor der Ernährung das Problem Nummer eins. Ein nordischer Hund, der 150 Kilometer in 24 Stunden zurücklegt, verbraucht etwa vier Liter Wasser oder noch mehr, wenn das Thermometer so spinnt wie jetzt. Bei einem Hund, dessen Wasserbedarf nur zu 95 Prozent gedeckt ist, d. h. der einen Mangel von „nur" fünf Prozent leidet, verringert sich die Leistungsfähigkeit bereits um 40 Prozent! All diese Betrachtungen mögen recht technisch sein, aber sie sind unerläßlich, um Rennstrategien zu entwickeln bzw. zu verstehen.

Ich kann es kaum erwarten, in Dawson einzutreffen und meinen Hunden ein königliches Festmahl mit Fleisch, Fisch, Speck und Kroketten vorzusetzen. Ich stelle sie mir schon vor, wie sie gemütlich im Stroh liegen, den Körper entspannen und sich vor einer langen Nacht faul ausstrecken. Endlich. Es liegen 36 Stunden vor uns, die Menschen und Hunde möglichst gut managen müssen, um sie optimal auszunutzen.

Ich plane die weitere Versorgung der Hunde. Eine Mahlzeit bei der Ankunft, acht Stunden Ruhe und dann eine Mahlzeit alle sechs Stunden, die letzte vier Stunden, bevor wir wieder aufbrechen. Ich rechne mir aus, daß wir, wenn wir Dawson gegen Mittag erreichen, am nächsten Tag gegen Mitternacht aufbrechen. Hier werden uns die Minuten wieder gutgeschrieben, die wir durch den versetzten Start verloren haben.

Als Nummer 27 bin ich 54 Minuten später gestartet als die Nummer eins. Die darf Dawson erst 36 Stunden und 56 Minuten nach ihrem Eintreffen wieder verlassen (56 Minuten, weil wir 28 Teilnehmer waren, die alle zwei Minuten gestartet sind). Ich werde also 36 Stunden und vier Minuten nach meinem Eintreffen weiterfahren. Diese Minuten zählen nicht mehr wirklich, denn die Abstände sind zu groß: Es liegen mehr als drei Tage zwischen dem ersten und dem letzten!

Am Fuße des Hangs halte ich an, um Nanook zu untersuchen. Ich habe den Eindruck, daß er seit einigen Minuten hinkt. Ein Gefühl, daß etwas nicht in Ordnung ist. Ich spüre es mehr, als daß ich es sehe. Es ist nur sehr leicht, fast nicht wahrnehmbar.

„Na, mein Nanook, du bist doch nicht 800 Kilometer gelaufen, um dir wenige Kilometer vor Dawson weh zu tun!“

Allgemeine Kontrolle. Es sieht aus, als sei alles in Ordnung. Nanook wartet, daß ich ihm den Rücken kraule. Ich gebe allen ein paar Streicheleinheiten. Die Stimmung ist gut. Seit dem Start habe ich kein einziges Mal die Stimme erhoben. Während dieses Rennens erlebe ich mit meinen Hunden eine Ausnahmesituation. Ich habe das Gefühl, als lebten wir in vollkommener Symbiose und Vertrautheit, die ich während der Expeditionen oder bei den Ausfahrten nie erreicht habe.

Paradoxerweise riecht die Stimmung mehr nach Spiel als nach Arbeit. Meine Hunde sind keine Schüler mehr, die man bestraft, wenn sie eine Dummheit machen. Sie sind zu Champions, zu unerhörten Athleten geworden, und wir bilden ein Team. Wir geben alle unser Bestes. Warum? Vielleicht einfach, um hierzu sein, zusammen, Tag und Nacht, aufgebrochen in ein Abenteuer, bei dem wir alle an einem Strang ziehen.

Ob die Hunde ihren Stolz haben? Versuchen sie, etwas zu beweisen? Man könnte es fast meinen!

Ich gehöre nicht zu denen, die Tiere mit Menschen gleichsetzen, aber ich billige ihnen eindeutig intelligente Reflexe zu. Hunde handeln nicht nur aus Instinkt. Sie sind für jede Menge Dinge empfänglich, die wir nicht mitbekommen. Sie erstaunen mich immer wieder. Wie Otchum, dieser außergewöhnliche Hund, mit dem ich noch immer zu laufen meine. Du fehlst mir so sehr, Otchum! Wenn ich müde bin, kommen mir beim Gedanken an ihn leicht die Tränen. Sein Verschwinden hat mir eine Wunde zugefügt, die einfach nicht heilen will. Die Zeit wirkt nicht so, wie ich es erwartet hatte. Ich schäme mich etwas, so zu leiden. Schließlich war er nur ein Hund.

Inzwischen ist der Tag angebrochen, und der Wind hat sich gelegt. Er hat die Wolken vertrieben, und die Kälte läßt Eis in meinem Bart entstehen. Das Fell der Hunde bekommt einen weißen Schimmer. Endlich sehen wir uns wieder ähnlich: Wir sind alle Reisende durch die Kälte.

Es ist kein Gefühl und auch kein Eindruck mehr: Nanook hinkt.

„Mist!"

Eine falsche Bewegung bergab!

Ich spanne ihn aus und setze ihn auf den Schlitten. Der Schmerz scheint nur leicht zu sein. Ruhe ist das einzig richtige. Aber Nanook will nicht aufsitzen. Ich versuche es zehnmal, bevor es mir überhaupt gelingt, daß er sich hinsetzt. Sobald wir losfahren, wird er hysterisch. Wir sind noch keinen Meter gefahren, da ist er auch schon wieder abgesprungen und hat dabei die Plane zerrissen, in die ich ihn gewickelt hatte! Die ganze Aktion macht die Sache nur noch schlimmer, denn er überbeansprucht seine Pfoten, um aus den unmöglichsten Positionen abzuspringen. Ich versuche es noch einmal, beschließe dann aber, nicht den Teufel mit dem Beelzebub auszutreiben und ihn wieder einzuspannen.

Gerade habe ich etwas gelernt: Bevor man an einem Langstreckenrennen teilnimmt, muß man die Hunde bereits im Training daran gewöhnen, im Schlitten mitzufahren ... Glücklicherweise ist Dawson nicht mehr weit. Knappe 20 Kilometer noch auf einer festgestampften Straße, so daß keine Gefahr besteht, daß die Hunde falsche Bewegungen machen. Mit der Helligkeit und der Aufregung ist meine Müdigkeit wie verflogen. Ich freue mich darauf, mein Team wiederzusehen. Ich stelle sie mir vor, wie sie aufmerksam die Tafel beobachten, auf der stündlich alle Informationen wie Zeiten und Positionen mit mehr oder weniger großer Genauigkeit angegeben werden, je nachdem, woher die Information stammt: von Piloten, Trappern oder Organisatoren, die die einzigen sind, die wie in Scroggie-Creck die Zeit zuverlässig stoppen.

Nanook hinkt ganz, ganz leicht, aber das reicht schon, um mich zu demoralisieren. Nanook ist zusammen mit Torok, Wolk und Baikal einer der wichtigsten Hunde meines kleinen Gespanns. An den Hängen ist er sogar unentbehrlich. Nach Dawson stehen uns viele Bergauffahrten bevor.

Es nähern sich Schneemobile. Erst nachdem ich an ihnen vorbeigefahren bin und sie wenden, merke ich, daß es Alain mit den Fotografen und den Kameramännern ist. Ich bin wütend. Ich weiß nicht, was das bringen soll, Bilder auf einer Straße zu machen. Außerdem stören sie den Rhythmus meiner Hunde, und zwar in einem Moment, wo ich sie auf keinen Fall stoppen will. Ich bin sehr barsch. Wir hatten uns oben verabredet. Ja, wenn sie morgens um sechs dort gewesen wären ...

Alain versucht zu vermitteln; er ist sehr diplomatisch.

„Es ist nicht so einfach, wir wissen nie, wo du bist, um wieviel Uhr du losfährst, wann du ankommst."

Er weiß, daß die Musher in einem Zustand völliger Erschöpfung in Dawson ankommen, und ich bin keine Ausnahme. Keiner kann eine Woche hinter einem Schlitten herlaufen und innerhalb von 24 Stunden nur zwei Stunden schlafen, ohne dafür bezahlen zu müssen. Sie kehren um und sind enttäuscht, daß sie mich nicht eher getroffen haben, vor allem, als ich von dem außergewöhnlichen Licht, dem Wind, der über die wilden Gipfel fegt, den rötlichen Bergen spreche ...

Wunderbare Bilder in meinem Kopf, aber nicht im Kasten.

Die Straße nimmt kein Ende. Die Hunde laufen schnell, mit einer Geschwindigkeit von mehr als 20 Kilometern pro Stunde bergab, ohne daß ich sie aufhalten kann. Unter Applaus fahren wir im gestreckten Galopp auf der Hauptstraße von Dawson ein. Eine gelungene Ankunft.

Auf dieser letzten, 160 Kilometer langen Etappe haben wir die drittbeste Zeit hingelegt. Frank ist hier gestern um 13.45 Uhr auf Platz drei mit einer Zeit von 26 Stunden und 30 Minuten angekommen. Ich komme um 11.14 Uhr auf Platz 13 mit einer Zeit von 25 Stunden und 45 Minuten an.

Es klappt! Ich kann Tempo machen! Ich bin sehr glücklich.

Gleich nach der Ankunft in Dawson werden die Gespanne sorgfältig von den Tierärzten untersucht.

TAIGA

Nordlicht und Schlaf

Ankunft eines Konkurrenten auf der Front Street in Dawson.

Können Sie sich vorstellen, wie groß meine Freude ist, als ich todmüde in ein heißes Bad steige und mich dann in ein frisch bezogenes Bett lege, um dort so lange zu schlafen, wie ich will? Es ist un beschreiblich. Großartig. Ich kann gar nicht aufhören, mich zu strecken, und spüre, wie meine Muskeln um Gnade betteln. Ich schnurre geradezu vor Zufriedenheit, als ich in den Schlaf sinke. Allein schon für diesen Augenblick lohnt es sich, am Rennen teilzunehmen.

Drei Stunden später bin ich das blühende Leben, stehe zwar mit leichtem Muskelkater, aber ausgeruht auf, um mit Diane und dem ganzen Team zu Abend zu essen. Nicht mehr dabei sind Totoche, Jean-Marc, Jean-Christophe, Malto und das Team von *TF1*, die alle nach Frankreich zurückgekehrt sind. Es bleibt aber trotzdem noch eine relativ große Runde, mit der es sehr lustig ist, darunter Isabelle Dor von *France Info*, Jacques Lange von *Paris Match*, Alain Restoin und Emmanuel Hachette, die einen Film für *France 3* drehen.

Bei meiner Ankunft habe ich erstaunt festgestellt, wie mager ich geworden bin. Ich esse also für drei. Mein Gewicht macht mir Sorgen für das restliche Rennen, denn ich bin nur noch Haut und Knochen! In dieser ersten Woche habe ich mich etwas vernachlässigt und mich offensichtlich ein bißchen zu ausschließlich um die Hunde gekümmert. Ich habe nicht genügend gegessen, so daß ich mehr als ein Kilogramm pro Tag verloren habe. Nach diesem vorzüglichen und reichlichen Mahl genehmige ich mir eine Nacht mit neun Stunden Schlaf, obwohl Frank mir 15 geraten hatte. Aber es ist nichts zu machen. Um acht Uhr bin ich wach und habe vor allem großen Hunger, schrecklichen Hunger.

Folgende Seiten: Nordlicht über dem Yukon.

Der Tag ist ruhig. Ich gehe zum Checkpoint, einem großen, zweckentfremdeten Gebäude, um meine Karten zu markieren und

Informationen zu sammeln, die mir nützlich sein könnten: Hütte, Zustand der Piste, Anzahl der Kilometer zwischen jeder Kontrolle, Höhe der zu erklimmenden Berge ...

Ich versuche, einen Mittagsschlaf zu halten, schaffe es aber nicht. Und doch spüre ich, daß mir einige Stunden sehr gut tun würden. Am späten Nachmittag muß man sich dann in etwas ganz anderes vertiefen als ins bequeme Hotelbett und das Rennen wieder aufnehmen.

Während des 36stündigen Aufenthalts kümmert sich Jérôme mit Hilfe von Jean-Paul, einem Freund aus Whitehorse, und Fabrice um die Hunde: Füttern, Massieren, Einfetten, Spazierengehen an der Leine, damit die Hunde sich die Beine vertreten können, um zu verhindern, daß ihre Muskeln bei einer so plötzlichen Pause steif werden. Zu dieser vielseitigen Hundepflege kommen noch Reparaturarbeiten am Schlitten und unzählige Kleinigkeiten hinzu, die alle zusammen dazu führen, daß ihnen die 36 Stunden genauso kurz erscheinen wie mir. Dawson ist die einzige Station, wo Hilfe von außen erlaubt ist, was natürlich von allen genutzt wird.

Um Zusammenstöße mit Schneemobilen zu vermeiden, machen insbesondere in der Nähe von Dörfern Schilder auf das Rennen aufmerksam.

Nanook geht es von Stunde zu Stunde besser. Die Tierärzte können keine eindeutige Diagnose stellen: Sehnenentzündung, Muskelzerrung, Verstauchung? Auf jeden Fall ist da irgendeine Kleinigkeit.

Eine Stunde vor Aufbruch bleibt nur noch ein leichter Schmerz, wenn man ihm die Pfote nach vorne streckt. Nachdem ich ihn sorgfältig untersucht habe, bin ich der Meinung, daß er weiterlaufen kann, zumindest bis zum nächsten Checkpoint, 220 Kilometer von Dawson entfernt, noch dazu, wo es sich um eine leichte Etappe im Flachen handelt.

Die Tierärzte raten mir, ihn nicht mitzunehmen, und insistieren dann recht kategorisch. Sie geben mir dadurch zu verstehen, daß dieser Rat sich in eine unwidersprüchliche Entscheidung wandeln könnte.

Nachdem ich gewisse Hunde von den letzten Checkpoints in einem ganz anderen Zustand habe weiterlaufen sehen, ärgere ich mich über diese Dickköpfigkeit. Man kann mir alles vorwerfen, nur nicht, daß ich meine Hunde mißhandle. Aber ich bestehe nicht weiter darauf. Todunglücklich lasse ich Nanook zurück. Ohne ihn ist die Meute wie amputiert.

Ich mag Nanook. Neben Carmack ist er mein Lieblingshund. Carmack ist in Whitehorse zurückgeblieben, und Nanook jetzt in Dawson. Es wird also niemand behaupten können, ich hätte mit diesem Rennen Glück gehabt.

Diane hat mir erzählt, daß die Tierärzte und Schiedsrichter nach meinem Aufbruch einen tief zufriedenen Eindruck gemacht hätten. Ich will es nicht glauben.

Wir verlassen Dawson gegen Mitternacht bei -32 °C und unter den schönsten Nordlichtern am Himmel, die ich je gesehen habe. Eine richtige Lichtwand – gelb und rot mit grünen Spitzen –, die sich wellenförmig bewegt und zusammenrollt. Hinter uns, Richtung Süden, sehen die Lichtstrahlen aus wie leuchtender Nebel, der wie ein unberührbarer Seidenvorhang aus der Erde steigt und von der nächtlichen Luft hin- und hergerissen wird, sich dabei spiralförmig aufrollt, dann wieder streckt und dabei in allen Farben schimmert.

Ich habe den Eindruck, daß das Gebilde aus Lichtern einen Ton von sich gibt. Ein erSticktes Säuseln, das sich deutlich von dem Pfeifen der Schlittenkufen im Schnee unterscheidet. Im Mondlicht erstrahlt die Schnee- und Eislandschaft sehr hell, und die Reliefs rechts und links vom Yukon, auf dem wir uns fortbewegen, tragen deutliche Schatten. Ich verfalle ins Träumen, denn auf dem Fluß fährt es sich leicht. Meine acht Hunde traben mit der Gleichmäßigkeit eines Metronoms dahin. Meine Augen fallen zu, ich schlafe ein und falle fast zwanzigmal vom Schlitten. Um drei Uhr morgens kann ich nicht mehr. Ich habe die Grenze meiner Leistungsfähigkeit erreicht.

Seit dem Start habe ich keine derartige Müdigkeit gespürt, eine so überwältigende, heftige und hartnäckige Müdigkeit. Ich habe doch gerade 36 Stunden Rast hinter mir, in denen ich immerhin fast zehn Stunden geschlafen habe. Die Hunde sind gut in Form und wollen weiter bis zur Morgendämmerung. Aber ich halte es bis dahin niemals aus!

Dawson mit seinen Holzhäusern und den Bürgersteigen sieht noch aus wie früher.

Rechts: Bild auf dem Lastwagen eines Mushers.

Dave Scheer
1989
YUKON
QUEST
TEAM

Musher müssen umfangreiche Kenntnisse von der Pflege und den Medikamenten für Hunde besitzen.

Nur unter größten Anstrengungen schaffe ich es, die sich immer wieder schließenden Augen, die von der Müdigkeit und dem Eis in meinen Wimpern zugedrückt werden, zu öffnen. Soll ich anhalten? Das Gespann und der Musher bilden beim Rennen eine Kette, und der Mensch darf niemals das schwächste Glied sein. Ich muß schlafen. Es sind fast noch 1000 Kilometer bis Fairbanks, und die Kälte kommt. Endlich wird das Rennen beginnen. Bald werden wir mit den Besten kämpfen, mit gleichen Waffen. Die meisten Gespanne haben zwei bis fünf Hunde „gedroppt". Mit acht Hunden liege ich endlich im Durchschnitt. An Kraft sind wir sicherlich die stärksten.

Durchhalten. Das sagt sich so leicht. Wie um alles auf der Welt soll ich noch fünf Stunden wach bleiben? Ich laufe hinter dem Schlitten her, schüttle den Kopf und reibe mir mehrmals das Gesicht mit Schnee ein, aber die Müdigkeit ist viel stärker als all meine Versuche, sie zu bekämpfen. Der Aufprall einer Kufe auf einem Eisblock weckt mich unsanft und wirft mich vom Schlitten. Wo bin ich?

Nicht sehr weit. Ich bin für ein paar Minuten eingeschlafen. Entgegen dem Traum, den ich hatte, bin ich noch nicht angekommen. Es war ein Schimmer in der Nacht zu sehen. Ein Fenster, eine Hütte. Ich ließ die Hunde halten und konnte mich schlafen legen. Schlafen. Das tat gut ...

Nein, ich bin allein auf dem Fluß, und ich muß noch mindestens vier Stunden weiterfahren. Ein Teil von mir besteht darauf. Die Minuten sind Stunden, und die Hunde werden langsamer, denn sie merken, daß der Mann da hinten schwächelt. Ich kann es nicht ändern.

Genau neun Stunden, nachdem wir Dawson verlassen haben, keine Minute weniger, habe ich es endlich geschafft: Wir halten am Rand des Flusses. Ich zünde Feuer an, versorge meine Hunde und schlafe endlich, auf dem Schlitten in meinen Schlafsack gerollt, ein. Ich habe zwei Gespanne überholt, die ab Dawson sechs Stunden Vorsprung vor mir hatten, aber das zählt nicht. Ich habe sie überholt, als sie nach mehreren Stunden Rast gerade wieder im Aufbruch waren. Sie werden mich also ihrerseits überholen ... da sind sie schon.

10.46 Uhr. Ich stelle meinen Wecker auf 14.40 Uhr, um dann eine Stunde später weiterzufahren. Dann haben sie nur noch fünf statt sechs Stunden Vorsprung.

Das Rennen hat tatsächlich begonnen.

American Summit

Heutzutage machen die Musher während des Rennens nur noch selten Feuer. Sie bevorzugen einen Kocher. Das ist weniger aufwendig.

Nach nur zwei Stunden Schlaf wache ich topfit auf. Ich habe ausreichend Zeit, meine Hunde zu verwöhnen: fünf Minuten Streichel-Massage für jeden. Sie lieben das.

Ich ziehe ihnen allen Schuhe an, denn die Kombination von Eis und Schnee auf dem Fluß greift die Haut zwischen den Ballen an. Dann brechen wir zur nächsten Etappe von etwa 60 Kilometern auf, bis zur „schönsten Hütte des Rennens". Das ist zumindest Franks Meinung.

Eines Abends hatte er ein ganzes Blatt mit Hinweisen gefüllt, von denen die einen nützlicher waren als die anderen, zumal ich 1000 Kilometer Piste nicht kannte. Ich bewahre sie wie eine Kostbarkeit in einer Tasche meines Parkas auf.

80 Meilen von dem und dem Checkpoint, rechtes Flußufer, kleine Hütte: weiterfahren, wenn bereits andere Musher dort sind.

70 Meilen, Vorsicht beim Zusammenfluß mit der Pelly: viel Overflow.

85 Meilen, Beginn der Steigung. Diese Etappe möglichst bei Tag machen, denn die Abfahrt auf der anderen Seite ist sehr schlecht.

Und so weiter ...

Man kann sich vorstellen, wie nützlich all diese präzisen und vernünftigen Hinweise sind, um die Etappen so gut wie möglich vorzubereiten. Keine Information ist überflüssig. Mit den Karten, die ich vernünftig lesen kann, schaffe ich es, mich auf einer unbekannten Piste wie zu Hause zu fühlen. Eine Karte lesen ist wie durch ein Fernglas schauen. Man muß aus der Vielzahl der sich bietenden Informationen, die interessantesten heraussuchen. Mit einem Wort, man muß effizient sein.

Gegen 16 Uhr verläßt die Piste den Fluß und führt in den Wald, wahrscheinlich, um eine gefährliche Stelle zu meiden. Eine halbe

Stunde später sind wir immer noch nicht wieder auf dem Fluß. Aber die Piste sollte ihm bis zu einer Brücke folgen!

Ich halte an, gehe vor das Gespann, um den Schnee zu betrachten. Eine Vielzahl von Spuren zeugt davon, daß hier vor kurzem Schlittenhunde waren. Beruhigt fahre ich eine Viertelstunde weiter, wiederhole dann den ganzen Zirkus noch einmal. Unter den vielen Spuren fallen mir zwei Dinge auf, die mich stutzig machen: Einige Spuren zeigen, daß ein oder mehrere Gespanne in die entgegengesetzte Richtung gefahren sind. Außerdem sind die Spuren nicht von Alaskischen Schlittenhunden, sondern von viel größeren Hunden. Ein Trapper!

Meine Hunde sind also der kürzlich von dem Hundegespann eines Trappers benutzten Piste gefolgt, und ich habe die Abzweigung zum Fluß verpaßt! Anstatt wieder sechs oder sieben Kilometer zurückzufahren, beschließe ich, auf einer kleinen, festgestampften Piste durch den Wald abzukürzen, die zum Fluß zu führen scheint. Die Hunde mögen das und fallen in einen so schnellen Galopp, daß die Abfahrt einer Rodelschlittenfahrt ähnelt. Plötzlich landen wir auf einer Lichtung, auf der etwa 20 Hunde ein Höllenspektakel machen, als sie uns kommen sehen.

Die Tür der Hütte öffnet sich, und heraus kommt ein Mann von etwa 60 Jahren, etwas verdutzt, hier ein Gespann herauskommen zu sehen.

„How are you!“

„French musher on the Quest!“

Das Gesicht des Trappers erhellt sich. Er hat in den zahlreichen Radiosendungen über das Rennen von mir gehört. Er beglückwünscht mich und bietet mir einen Kaffee an. Etwas widerstrebend nehme ich an, denn dieser Halt tut den Hunden nicht gut; durch die anderen sind sie viel zu aufgeregt.

Larry zeigt mir seine Felle – einige Luchsfelle, zwei Wolfsfelle und gut zwanzig Marderfelle. An solch einem Ort würde ich gerne eine Woche bleiben, wenn ich nicht an diesem Rennen teilnehmen würde. Ich sage es ihm, und er lädt mich ein, mit meinen Hunden wiederzukommen, die er als Kenner bereits schätzt. Ich verspreche ihm, es zu versuchen, und es ist mir ernst.

„Bye bye, Larry!"

„Good luck my friend! See you soon ..."

Fünf Minuten später stoße ich auf den Fluß.

Meine Hunde laufen schnell. Diese kleine Einlage hat den monotonen Rhythmus gebrochen und ihnen Schwung gegeben. Mit aufgestelltem Schwanz traben sie fünf Stunden lang fröhlich dahin, ohne langsamer zu werden.

Wir erreichen die Hütte bei Nacht. Frank hatte recht. Es ist eine richtige Hütte, und der Empfang ist herzlich. Auch hier handelt es sich um einen Trapper mit seiner Frau, denn die Tätigkeit als Trapper ist in diesen weit abgelegenen Gegenden der einzig mögliche Beruf.

Ein Musher, der sich seit dem Start immer weiter nach vorne arbeitet, kommt gleichzeitig mit mir an. Drei andere liegen mit mehr als sechs Stunden weit hinter uns, haben uns aber anscheinend aufs Korn genommen. Bob will in vier Stunden weiter, ich aber möchte meinen Hunden sechs Stunden Pause gönnen. Wir werden also nicht gemeinsam aufbrechen.

Und wieder steigt das Thermometer. Der Inhaber der Hütte versichert mir, daß diese Temperaturen ein historisches Ereignis sind.

„Dieser Hitzerekord wird nicht so schnell geschlagen. In den 40 Jahren, die ich nun schon am Yukon bin, habe ich so etwas noch nicht erlebt!"

Und ich hatte mit meinen dicken Hunden mit ihrem arktischen Fell fest mit der Kälte gerechnet. So ein Pech!

Ich schätze, daß die körperliche Leistungsfähigkeit meines Gespanns bei Temperaturen von unter -25 °C um mehr als zehn Prozent vermindert ist. Von der Position her würde mich das auf Platz acht bringen; 15 Stunden hinter der Spitzengruppe. 15 Stunden, die ich unmöglich aufholen kann, es sei denn, es kommt eine riesige Kältewelle oder ein dicker Blizzard, der alle anderen blockieren würde. Meine Hunde aber würden durchkommen ...

Wenn ich das Rennen vier- oder fünfmal mit einem so gut trainierten Gespann wie in diesem Jahr mitmachen würde, hätte ich Chancen, eines Tages aufs Siegertreppchen zu steigen. 1984 ist das

Die Landschaft auf den Kämmen des American Summit gehört zu den schönsten des ganzen Yukon-Quest-Rennens.

Die Unebenheiten auf dem zugefrorenen Yukon zwingen einen bisweilen, allen Hunden Schuhe anzuziehen.

Thermometer während des ganzen Rennens nie über -40 °C gestiegen und hatte sogar Spitzen von -62 °C. Das wäre ein Yukon-Quest-Rennen nach unserem Geschmack! Genau richtig!

Und wieder muß ich tagsüber, „mitten in der Hitze" fahren. Das Thermometer zeigt -22 °C um Mitternacht und wird am Nachmittag sicherlich auf -10 °C steigen. Zu warm für meine Hunde! Viel zu warm. Aber ich habe keine Wahl. Da ich um elf Uhr abends angekommen bin, kann ich nicht einen ganzen Tag warten. Ich beschließe, gegen fünf Uhr früh weiterzufahren, um soviel wie möglich von der kühlen Morgendämmerung zu profitieren. Ich hoffe, daß wir in den Bergen dann etwas erfrischenden Wind bekommen. Sich im hohen Norden nach Wind zu sehnen ist wirklich die verkehrte Welt!

Drei Stunden schlafe ich wie ein Baby. Das Erwachen ist schmerzhaft: Meine Augenlider wollen sich nicht öffnen, und mein ganzer Körper verlangt nach Schlaf. Aber wir müssen weiter. Es erwartet uns ein langer Tag. Auch die Hunde hätten gerne noch etwas länger geschlafen.

„Nur Mut, ihr kleinen Wölfe, auf geht's!"

Glücklicherweise wissen sie den morgendlichen individuellen Weckdienst zu schätzen. Sie stehen nacheinander auf, wedeln mit dem Schwanz und miauen wie dicke Katzen, um mich zu rufen.

„Guten Morgen, mein dicker Torok, na, wie geht's dir heute?"

„Hallo Ukiok, bist du in Form?"

„Wie geht's dir, Baikal?"

Ich versuche, die Streicheleinheiten und die Zusprache so gerecht wie möglich zu verteilen.

Auch Gao und Pawnee, die beiden Hunde von Jérôme, vergesse ich nie. Sie halten sich übrigens unglaublich gut. Auch wenn sie nicht so geschmeidig und schnell laufen wie meine Hunde, so kompensieren sie dieses Manko durch Mut und eine außergewöhnliche seelische Verfassung. Ich wünsche mir für Jérôme wirklich, daß wenigstens einer der beiden bis ins Ziel kommt. Das wird sicherlich Pawnee sein, denn auf den langen Etappen neigt Gao dazu, etwas nachzulassen – genau wie Ukiok. Die Hunde, die mich am meisten überraschen, sind Kurvik und Uktu, die beiden jungen

Milchbrüder, die seit dem Start kein einziges Mal lockergelassen haben und mit der Regelmäßigkeit eines Metronoms dahintraben, ohne die geringsten Schwierigkeiten zu bereiten.

Bei Baikal hingegen hätte ich gewettet, daß er eine Goldmedaille verdienen wird, aber seine seelische Verfassung kann mit seiner körperlichen nicht mithalten. Auf sehr langen Etappen läßt er leicht etwas nach. Wolk ist perfekt. Und Torok ist so gut, daß ich nicht wüßte, wer ihm die Goldmedaille streitig machen könnte! Was für ein Hund!

Ich ziehe allen Hunden Schuhe an, da wir noch etwa 50 Kilometer auf einem Nebenfluß des Yukon zurücklegen müssen, bevor wir die Berge erreichen. Es sind vier monotone Stunden in dem grauen Licht des anbrechenden Tages. Ich laufe oft hinter dem Schlitten, um der Müdigkeit nicht nachzugeben. Die Hunde laufen gut, und die Strecke, die hinter uns liegt, wird immer länger. Es herrscht vollkommene Stille, die ab und zu von einem trockenen Geräusch unterbrochen wird, wenn die Kufen auf einen Eisblock stoßen oder der Schlitten auf die feste Schneefläche kracht. Alles schläft: der Fluß unter einem zwei Meter dicken Eismantel, die Bäume und ihre Säfte. Kein Vogel, keine Bewegung, alles ist erstarrt, durch die Kälte wie versteinert, nur wir nicht.

Der Anthropologe Jean Malaurie, Verfasser von *Les Derniers rois de Thulé* (Die letzten Könige von Thule), fand heraus: „Die Eskimos in den arktischen Gebieten und die Polarhunde dort haben auf dem höchsten Punkt des Schädels einen Knochen, einen Sagittalkamm, den es weder bei anderen Menschen- noch Hunderassen gibt."

Im gelben Lichtschein meiner Lampe beobachte ich die Meute und bewundere den schönen geraden und schnellen Schritt, den sie in der Dunkelheit haben. Es fällt mir unglaublich schwer, die vergangene Zeit einzuschätzen, denn die Minuten sind wie Stunden. Daher bin ich auch recht überrascht, als sie plötzlich anfangen zu galoppieren, um das Flußufer zu erklimmen und im Wald zu verschwinden. Ich sehe auf meine Karte. Wir haben gerade 50 Kilometer zurückgelegt, ohne daß ich es gemerkt habe. Sollte ich, auf den Kufen stehend, eingeschlafen sein?

Die Hunde sind glücklich, die langweilige Piste auf dem Fluß zu verlassen. Im Wald nehmen sie den Geruch des Wildes wieder auf, den sie so lieben. Unser Rhythmus wird erst langsamer, als wir den sehr langen Hang in Richtung American Summit angreifen. Ich laufe hinterher und steige erst wieder auf die Kufen, als ich nicht mehr kann. Dann helfe ich den Hunden, indem ich mit einem Fuß wie auf einem Tretroller trete. Ich achte darauf, keinen Ruck zu erzeugen. Dafür muß ich eine lange Abstoßbewegung machen und dann sofort die nächste. Etwa alle 20 Schritte wechsle ich den Fuß. Die Anstrengung ist genausogroß wie beim Laufen, nur beansprucht sie andere Muskeln. Dadurch, daß ich beide „Sportarten" abwechsle, verringere ich die körperliche Ermüdung etwas.

In der Mitte des Aufstiegs bleiben wir stehen, um durchzuatmen. Ich benutze die Gelegenheit, um den dritten Snack des Tages auszugeben. Bergauf bekommen Torok, Pawnee und Wolk eine doppelte Ration, denn sie ziehen wie ein Traktor. Gegen 13 Uhr erreichen wir den Gipfel und werden von einem leichten Windhauch empfangen, der durch das Fell der Hunde streicht.

Alain und Emmanuelle, die einen Film über „den Franzosen im Rennen" machen (der endgültige Titel wird *Un Hiver de chien* [Ein Hundewinter] lauten und ist in französischer Sprache auf Video erhältlich), sind im Schneemobil hergekommen. Die Kamera schnurrt vor Freude bei diesem schönen rosa Licht, das ganz flach einfällt.

Mit dem Wind geht die Sonne auf und strahlt den Berg an, dessen Kamm in allen Regenbogenfarben schillert und golden glänzt. Spiralen aus Schnee ziselieren den Paß. Als wir ihn überqueren, zerstören wir die Schneewehen, unter denen sich die Piste versteckt.

Wir bleiben mehrere Kilometer lang auf der Bergflanke, ohne bergab zu gehen. Um den Schlitten zu halten und zu vermeiden, daß er abrutscht, muß ich eine Kufe anheben, damit er wie ein Ski in den Schnee greift. Es ist schwierig, das Gleichgewicht zu halten. Wenn man auch verhindern kann, daß er auf die Seite fällt, indem man den Schlitten mit dem Fuß zurückstößt, so ist das Gegenteil nicht möglich. Man könnte fast glauben, daß der Schlitten einfach nicht auf einem Bein stehen will. Ich muß ihn hundertmal aufheben. Diese Übung ist vor allem für die beiden Hunde besonders anstrengend, die sich unmittelbar vor dem Schlitten befinden.

Denn sie müssen nicht nur ziehen, sondern in einer sehr unbequemen Position ständig die Richtung korrigieren. Nach einer äußerst anstrengenden Stunde stoßen wir endlich auf einen leichteren Weg, der uns nach Eagle führt.

Ich komme in der Mitte des Nachmittags bei einer historischen Temperatur von 0 °C am vierten Checkpoint an! Obwohl mich ein Gespann überholt hat, bin ich immer noch auf dem 13. Platz, denn inzwischen hat der sechste Musher aufgegeben. Er war unter den zehn besten. Beim Rennen ist das Unglück der einen das Glück der anderen, mit Ausnahme des letzten. In diesem Jahr ist der Letzte, „der andere Europäer", ein Deutscher mit großer Medienbegleitung, der seit dem Start des Rennens das Schlußlicht bildet.

Ich vermute, daß die ganze Armada der (mehr als 30!) deutschen Journalisten, die gekommen sind, um sein Rennen zu verfolgen, es lieber gesehen hätte, wenn er das Ziel auf einem besseren Platz erreicht hätte. Aber er hat inzwischen drei Tage Rückstand und keine Chance mehr, auch nur irgendeinen zu überholen.

Die Ankunft Frank Turners in Eagle. Er gehört noch immer zur Spitzengruppe.

Yukon

Ein Musher aus Eagle absolviert auf der Piste eine Trainingsfahrt mit seinem Gespann.

Eagle: Ich schlafe wieder bei meinen Hunden. Das ist angenehm. Es ist ruhig hier, und ich brauche nur ein paar Meter zu gehen, um ihnen Wasser zu geben. Ich möchte auf keinen Fall, daß der Aufenthalt an den Checkpoints die Stimmung zerstört, die zwischen dem Gespann und mir herrscht. Wir gehören zusammen. Ich ziehe es vor, bei ihnen zu bleiben. Ich habe das Gefühl, daß sie meine Anwesenheit beruhigt, und umgekehrt tut auch mir ihre Anwesenheit so gut! Ich hab's gern, wenn ich nur ein Auge aufzumachen brauche, um sie alle zu sehen, wie sie da gemütlich auf ihrem Strohbett liegen und tief schlafen.

Dieses Rennen wird neben allem, was ich von einem großen Profi wie Frank gelernt habe, zu einem außerordentlichen Vertrauensverhältnis zwischen mir und den Hunden führen. Nie hätte ich gedacht, daß ich in einem derartigen Einklang mit Rudelhunden leben könnte, denn der Mensch hat auf sie nicht den gleichen Einfluß wie auf andere Hunde. Es sind andere Verhältnisse. Die Meute hat ihre Organisation, ihre Hierarchie, ihren Chef, ihre Regeln, und der Mensch greift nur periphär ein, um sie zu führen. Da Schlittenhunde ein ausgeprägtes Gruppenverhalten haben, ist das Verhältnis zu anderen Lebewesen weniger auf den einzelnen gerichtet. Das, was für einen Haushund der Mensch ist, ist für den Schlittenhund die Meute. Alles andere ergibt sich aus diesem wesentlichen Unterschied.

Nachdem ich mich auf dieses vollkommene, fast zeitlose Abenteuer ohne Tag und Nacht eingelassen habe, habe ich das Gefühl, mit dem Rudel zu verschmelzen, seine Anstrengungen, seine Freuden, seine Ängste mehr als je zuvor zu spüren. Es ist, als habe mich die Meute aufgenommen, mit dem Ziel, besser zu funktionieren. Ich habe meinen Platz, und wie jeder einzelne Hund gebe auch ich mein Bestes. Ich erhebe nie die Stimme, sondern beteilige mich an der Anstrengung. Wir sind ein Team und nicht ein Hunderudel, das von einem Menschen geführt wird. Ich bewundere das, was wir zusammen schaffen, und bin stolz darauf. Ich denke, daß unser Verhältnis sich dadurch für immer verändert hat.

Zwischen Eagle und dem nächsten Checkpoint liegt die Yukon-Etappe. 250 Kilometer auf dem zugefrorenen Bett des zum Mythos gewordenen Flusses, auf dem die Goldsucher vor hundert Jahren unterwegs waren. Auf halber Strecke finden sich einige Hütten, die unter dem Namen Biederman's aus Jack Londons Novellen bekannt sind. Sie bieten den Mushern einen Schlafplatz und etwas zu Essen. Die Organisation kommt per Flugzeug her, um eine tierärztliche Versorgung zu gewährleisten.

Ich verlasse Eagle gegen Mitternacht und bringe in fünf Stunden eine 80 Kilometer lange Etappe hinter mich. Ich mache fünf Stunde Pause und fahre in einem Rutsch weiter bis Biederman's. Frank hatte mir geraten, diese Etappe bei Tag zurückzulegen. Der Tip erweist sich als gut – wie die meisten seiner Hinweise –, denn der Yukon bietet auf einer Länge von 50 Kilometern eine Zusammenfassung aller Herausforderungen, die ein zugefrorener Fluß einem Schlittenhundeführer stellen kann: Packeis, blaues Eis, Overflow, Slutch, Überhöhungen usw.

Erschöpft erreichen wir Biederman's am späten Nachmittag. Das Thermometer führt uns weiterhin an der Nase herum. Die Kälte wird nicht kommen. Ich glaube nicht mehr daran.

Was für ein Winter!

Ich bereite den Hunden eine Mahlzeit, die der eben geleisteten Anstrengung würdig ist, versorge einige Sehnenentzündungen und lasse sie sieben Stunden ruhen. Als ich auf die Tafel sehe, stelle ich fest, daß die Abstände immer größer werden, nicht nur vorne, sondern auch hinten. Die Besten haben nun fast 24 Stunden Vorsprung vor mir, während andere bereits über drei Tage zurückliegen.

Ich weiß jetzt, daß ich es, wenn nicht ein plötzlicher Temperaturwechsel eintritt, nicht mehr schaffen werde, mich bis zur Spitze vorzuarbeiten. Frank hält sich in der Gruppe der ersten vier.

Mit zehn Hunden hat er mehreren Gespannen, die lange 13 oder 14 Hunde behalten hatten, die Stirn geboten und sie sogar abschlagen können. Jetzt, wo die anderen auch nur noch zehn oder elf Hunde haben, hat er wieder alle Chancen zu siegen. Frank ist wirklich ein unglaublicher *little big man*!

Mitten in der Nacht, bei -30 °C, beschließe ich, diese leichte Temperaturveränderung zu nutzen und eine große Etappe zurückzulegen: 140 Kilometer. Die drei Musher, die meine Verfolgung aufgenommen haben, werden wiederkommen, und ich weiß, wenn ich diese Etappe in einem einzigen *run* mache, ist das Problem quasi endgültig gelöst: Sie werden nämlich mindestens sechs Stunden Rast machen müssen, damit ihre Hunde, die sie in der Hoffnung, mich einzuholen, schon seit Tagen treiben, ausruhen können.

Ich schlafe bei den Hunden und habe einen Wecker in der Mütze, um rechtzeitig aufzuwachen.

Ich stelle mir ihre Gesichter vor der Anschlagtafel in Circle vor. Sie denken, sie hätten nur noch zwei, drei Stunden Rückstand, da sie sich langsam, aber sicher nach vorne arbeiten. In Wirklichkeit aber sind es mehr als acht.

Ich verlasse Biederman's gegen zwei Uhr morgens und halte nach 30 Kilometern in der während des Rennens für alle offenen Hütte eines netten kanadischen Langläufers. Ich nutze die Gelegenheit, um Bart und Schnurrbart von dem schweren Eis zu befreien und den Hunden zu trinken zu geben. 30 Minuten später sind wir wieder unterwegs. Ich lasse sie sechs Stunden laufen, in denen wir uns lediglich zwei Aufenthalte für Snacks, Kaffee, Kuchen und Streicheleinheiten genehmigen.

Bei Sonnenaufgang machen wir anderthalb Stunden Pause. Als ich die Hunde gefüttert habe und gerade dabei bin, wieder aufzubrechen, erscheint der Musher, der dachte, mich endgültig los zu sein! Er schlief in einer Trapperhütte, als ich ihn überholte, und hat nicht damit gerechnet, daß ich vor ihm sein könnte. Seine Enttäuschung ist groß, als er merkt, daß ich nicht der vor ihm plazierte Konkurrent bin, den er endlich einzuholen hoffte!

Er fährt an mir vorbei, ohne langsamer zu werden. Ich richte einen freundlichen Gruß an ihn. Keine Antwort. Das Barometer steht auf Wettkampf.

Folgende Seiten: Mittag. Für meine arktischen Hunde ist es tagsüber einfach zu heiß.

Ankunft in Circle nach 140 Kilometern, die wir fast in einem Rutsch hinter uns gebracht haben. Die Dorfbewohner haben 28 Begrüßungsschilder rechts und links von der Piste in den Schnee gesteckt: eines für jeden Musher. Eine nette Geste.

Gegen Mittag steigt die Sonne hoch in den Himmel, und die Temperaturen werden sommerlich. Ich mache erneut eine einstündige Pause, um eine Hyperthermie zu verhindern und die Hunde zu tränken.

Die Hitze ist unerträglich! Wenn man bedenkt, daß das Yukon-Quest-Rennen mit durchschnittlichen Temperaturen von -40 °C normalerweise eine eiskalte Angelegenheit ist!

Die Piste ist wunderbar. Sie führt in einiger Entfernung vom Hauptflußbett des Yukon auf schmalen und gewundenen Flußarmen entlang, an denen riesige, schneebeladene Tannen Ehrenspalier stehen. Als wir in Sichtweite von Circle gelangen, fallen die Hunde in einen Galopp, weil sie spüren, daß wir bald da sind. Ich erkenne Jérôme am Ufer und kann mir vorstellen, wie er sich fühlt.

Als ich den Checkpoint gegen Mitternacht nach acht Stunden Rast verlasse, kommt Jim, einer meiner drei Verfolger, an. Er hat sich von den anderen beiden getrennt. Für sie ist die Verfolgungsjagd beendet. Sie wissen, daß sie mich nicht mehr einholen können, es sei denn, ich bekomme ein wirklich großes Problem. Er lacht laut auf, als ich an ihm vorbeifahre.

„Du blöder Franzose, du blöder ..."

Ein breites Lächeln ist die Antwort. Seit jener Nacht in den Black Hills ist Jim mein bester Freund im Rennen.

Historischer „Hitzerekord" in Eagle bei 1 °C!

Eagle Summit

Es liegen 130 Kilometer zwischen Circle und Central, dem vorletzten Checkpoint. Etwa ein Drittel aller Musher legt diese Etappe in einem einzigen *run* zurück. Die anderen rasten etwa vier Stunden auf halber Strecke. Ich entscheide mich für einen Kompromiß und werde bei Tagesanbruch zwei Stunden Pause machen. In Circle habe ich fast vier Stunden geschlafen, aber die aufgestaute Müdigkeit wird langsam sehr belastend. Gegen vier Uhr früh kann ich nicht mehr aufrecht auf den Kufen stehen, aber wir müssen unbedingt die leichte Kälte (-25 °C) nutzen, die bis zum Morgengrauen andauern wird.

Die Hunde überraschen mich immer wieder. Sie lassen in keiner Weise nach. Sie traben und ziehen wie die Champions.

„Nur zu, ihr kleinen. Nur noch 48 Stunden Anstrengung!"

Bald sind wir da, aber das Schwerste steht uns noch bevor. Die Erklimmung des Eagle Summit und dann des Rosebud Summit sind das Schwierigste des ganzen Quest-Rennens. Wieviel Gespanne haben schon auf einem dieser beiden Hänge aufgegeben?

Selbst Frank ist das nicht erspart geblieben. Der erste Hang ist so steil, daß er eines Tages ausgerutscht ist. Er hatte keine Zeit mehr, die Bremse zu ergreifen. Schlitten und Hunde wurden ins Nichts gezogen. Sie fielen in einen Kessel, und er konnte sie nicht mehr hochholen. Es waren -50 °C, aber Frank harrte aus, bis Hilfe kam.

In einem anderen Jahr hatte Larry das Rennen die ganze Zeit angeführt. Auf der Mitte des Hangs brachen seine Hunde zusammen. Alle seine Verfolger überholten ihn, bevor er oben ankam.

Einmal verirrte sich ein Musher im Sturm. Er fiel in ein Loch und brach sich ein Bein. Bis Hilfe kam, waren seine Hände und Füße erfroren, und er verlor mehrere Finger und Zehen.

Ein anderer hatte Halluzinationen und ging auf derselben Seite wieder runter, die er gerade erst hinaufgekommen war. Seinen Fehler bemerkte er erst eine Stunde später, als ihm ein anderer Musher in der richtigen Richtung entgegenkam!

DIE REKORDE DES YUKON-QUEST-RENNENS

1.	Frank Turner	1995	10 Tage	16 Std.	26 Min.
2.	Jim Wilson	1995	10 Tage	17 Std.	09 Min.
3.	Jay Cadzow	1995	10 Tage	18 Std.	39 Min.
4.	Charlie Boulding	1993	10 Tage	19 Std.	09 Min.
5.	Charlie Boulding	1991	10 Tage	21 Std.	12 Min.
6.	Bruce Lee	1991	10 Tage	21 Std.	17 Min.
7.	John Schandelmeier	1991	10 Tage	22 Std.	03 Min.
8.	Bruce Johnson	1993	10 Tage	22 Std.	30 Min.
9.	Dave Sawazky	1993	10 Tage	22 Std.	33 Min.
10.	Cor Guimond	1995	10 Tage	22 Std.	37 Min.

Ein Amerikaner brauchte 18 Stunden, um den Eagle Summit zu erklimmen. Er trug den Schlitten selbst hoch, dann die ganze Ladung und schließlich die Hunde, von denen er jeweils zwei nahm. Insgesamt ist er 14mal aufgestiegen. Am Eagle Summit sind die Musher unerbittlich gegen sich selbst.

Eins ist sicher: Wer den Gipfel überschreitet, hat bereits einen Fuß auf der Zielgeraden; wer ihn als erster überschreitet, steht schon fast auf dem Siegertreppchen.

Alain ist das Unmögliche gelungen: Er ist mit dem Filmteam am Gipfel, als die vier führenden Gespanne in den Hang gehen. Sie sind gleichzeitig angekommen und helfen sich gegenseitig. Die Auseinandersetzung folgt später. Als ich in Central ankomme, erfahre ich, daß sie nur noch sechs Stunden vom Ziel entfernt sind. Frank hat „Angel Creek“, den letzten Checkpoint, auf Platz 4 einige Minuten nach den anderen verlassen. Rick Mackey liegt mit 30 Minuten Vorsprung in Führung.

„Los, Frank! Du bist doch der Beste!“

Gegen ein Uhr früh erreiche ich den Fuß des Eagle Summit, und wir machen uns an den Anstieg. Ich denke ständig an Frank, der gerade auf der Zielgeraden kämpft. Ob er meine Ermunterungen spürt?

Es ist steil, sehr steil. Die Hunde ziehen mutig, selbst Gao, der die halbe Etappe zwischen Circle und Central im Schlitten verbracht hat. Aber wir schaffen den ersten Hang, ohne einmal stehenzubleiben. Angeblich ist der zweite noch schlimmer! Wie soll das noch werden?

Ich sage es mir wieder und wieder: Ich hab's geschafft!

Eagle Summit ist für das Yukon-Quest-Rennen das, was der Eiffelturm für Paris ist: ein Denkmal! Solange man diesen Gipfel nicht bewältigt hat, hat man nicht am Rennen teilgenommen. Noch 200 Meter, und wir sind oben – mit einem Fuß auf der Zielgeraden. Auf der mythischen *finish line*, von der alle Musher der Welt träumen, sie eines Tages zu übertreten.

„Los, ihr Hunde. Auf geht's! Jetzt oder nie!"

Die Füße auf dem Hang gut abgesichert, schiebe ich den Schlitten mit aller Kraft und feuere die Hunde laut an. Ihre Krallen klammern sich knirschend in den harten Schnee. Torok zieht so fest, daß er fast auf dem Bauch kriecht. Das Zuggeschirr verschwindet ganz in seinem Fell. Seine Muskeln spannen sich wie die Saiten einer Geige.

Meter um Meter klettern wir hoch und rutschen immer wieder ab. Es ist so abschüssig, daß ich mit der Hand auf die Bremse drücke, damit der Schlitten nicht bergab fährt, wenn die Hunde stehenbleiben.

Auf der Hangmitte rutscht Wolk aus und verfängt sich in den Leinen von Baikal, so daß er nicht mehr ziehen kann und Torok hinter ihm behindert. So können wir nicht weiterklettern. Ich schiebe den Schlitten leicht an, lasse die Bremse in den Schnee greifen und lade ab, um den Schlitten zu blockieren. Ein prekäres Gleichgewicht. Durch Zurufe halte ich den Zug der Hunde auf und entwirre die Leinen, so schnell es geht. Ich rutsche mehrmals aus, falle hin, fluche und stehe schnell wieder auf, um den Kopf des Gespanns zu erreichen. Ich hänge die Karabiner aus und will gerade die Leinen entwirren, als eine Zugbewegung die Bremse löst. Der Schlitten fängt nach einer halben Sekunde Zögern an, einige Zentimeter bergab zu fahren und zieht dabei die Hunde mit nach unten. Katastrophe!

Ich schreie derartig überzeugend, daß die Meute mit einem Ruck wieder im Vorteil ist. Der Schlitten bleibt stehen. Es ist wie in einem schlechten amerikanischen Film, wo ein Auto schaukelnd halb über dem Abgrund hängt.

„Auf geht's, los!"

Folgende Seiten: Der Eagle Summit hat Hänge mit über 35° Steigung. Frank Turner kommt nach fünf Stunden Aufstieg oben an.

Ich gehe an den Leinen entlang zurück und ziehe mit aller Kraft am Seil, um den Schlitten zurückzuhalten. Wenn er nur einen Zentimeter nach hinten rutscht, verlieren die Hunde den Halt, den sie dadurch, daß sie auf der Stelle treten, erreicht haben, und nichts wird den Sturz nach unten aufhalten können ...

Die Hunde werden nicht lange in dieser Gleichgewichtsstellung verharren. Sie müssen weiterlaufen oder anhalten. Wieviel Sekunden werden sie ihn noch halten können?

Als ich an Torok vorbeikomme, schreie ich:

„Los, Torok! Auf geht's, mein dicker Torok!"

Und er zieht mit aller Kraft. Fast reißen ihm die Muskeln. Ich lasse alles los und rutsche bis zum Schlitten zurück. Die Hunde geben nach, und schon rutschen wir alle nach hinten. Ich schmeiße mich auf die Bremse, damit sie sich im Schnee festkrallt, und klemme mir die Hand ein. Der Schlitten bleibt stehen, und die Hunde finden wieder Halt. Stille.

Ich atme auf und massiere mir die Hand mit Schnee, damit sie nicht anschwillt.

„Gut so, ihr Hunde! Gut so. Bravo, Torok, gut so!"

Ihre Position ist unbequem. Ihnen geht es wie mir. Sie wollen es hinter sich bringen. Wir fahren weiter.

Fünf Meter. Zehn Sekunden Stopp, um Halt zu finden.

Fünf Meter. Stopp.

Endlich oben! Wir haben es geschafft!

Torok bekommt seine Goldmedaille.

Wolk die Silbermedaille.

Pawnee, Kurvik und Baikal die Bronzemedaille.

Uktu, Gao und Ukiok die Glückwünsche der Jury.

Und Liebkosungen für alle.

Wir halten uns nicht lange oben auf und gehen auf der anderen Seite weiter. Der Abstieg auf der Bergflanke ist sehr schwierig, noch dazu, wo zahlreiche Felsbrocken und Eisplatten den Weg erschweren.

Wir machen vier Stunden Pause, bevor wir den Rosebud Summit angreifen. Als ich losfahren will, erreicht mich der Finne, der mit seinen sechs Hunden seit Dawson, wo er 15 Stunden nach

John Schandelmeier, der Titelverteidiger, kämpft sich den Berg hinauf. Frank ist ihm dicht auf den Fersen.

mir eingetroffen ist, alle überholt. Er beschließt, mir zu folgen, ohne seinen Hunden Ruhe zu gönnen!

Hätte er seine Hunde zwei bis drei Stunden rasten lassen, hätte ich mir Sorgen gemacht. Aber diese beiden Bergetappen in einem *run* zu machen, noch dazu, wo er am letzten Checkpoint nur vier Stunden Aufenthalt hatte, ist der reinste Wahnsinn. Er wird niemals bis zum Ende durchhalten. Darauf verwette ich meinen Schlitten.

Mißlungenes Ende

Seitdem Otchum tot ist, ist Baikal der Anführer der Meute. Er ist einer der sechs Hunde, die das Ziel erreichen.

Der Finne und ich kommen gleichzeitig in Angel Creek an, die Tierärzte hindern ihn jedoch an der Weiterfahrt, da seine Hunde vollkommen ausgetrocknet und zweifellos erschöpft sind. Für ihn ist das Rennen beendet.

Ich befinde mich unangefochten an 13. Stelle, ohne jede Hoffnung aufzuholen. Der zwölfte ist fünf Stunden vor mir und Jim ist drei Stunden hinter mir. Das Ziel ist 170 Kilometer entfernt. Diese Strecken können die Gespanne nach einem obligatorischen Aufenthalt von sechs Stunden am Checkpoint Angel Creek in etwa zwölf Stunden schaffen.

Die ersten vier Gespanne haben das Ziel gestern abend erreicht. Sie haben das Rennen mit Bravour beendet. Rick Mackey hat sich bald von den anderen drei gelöst und das Rennen mit einer Stunde Vorsprung gewonnen.

Der Kampf ging dann um die folgenden Plätze. Frank, der Angel als vierter 35 Minuten nach John und 25 Minuten nach Mark verlassen hatte, lieferte eine spektakuläre Aufholjagd und holte bei jedem Kilometer ein paar Sekunden auf. John und Mark waren noch 30 Kilometer vor dem Ziel gemeinsam unterwegs. Plötzlich erblickte Frank die beiden Gespanne, die er seit neun Stunden verfolgte, in einer Kurve. Er überholte sie und fuhr als zweiter ins Ziel. Bravo, Frank!

Ich betrachte die Tafel: „Nicolas Vanier, 13. Platz, vorgegebene Abfahrt: 00.16 Uhr.“

Um zehn Uhr werde ich von einem Streckenschiedsrichter geweckt. Er erklärt mir, daß ein Musher in Eagle Klage gegen mich erhoben hat, weil ich Futter von seinen Hunden für meine verwendet hätte! Das ist eine solche Ungeheuerlichkeit, daß ich sprachlos bin und kein Wort herausbringe.

Sechs Stunden Strafe. Ich darf erst um 06.16 Uhr weiter.

Ich bin so angewidert, daß ich beschließe, nicht weiterzumachen. Es kommt gar nicht in Frage, dieses Scheißrennen mit einer derartigen Anschuldigung zu Ende zu fahren! Die Schiedsrichter verschwinden genauso schnell, wie sie gekommen sind, ohne abzuwarten, bis ich ganz wach bin. Ich komme zu mir und schäume vor Wut.

Eagle! Ich erinnere mich plötzlich daran, daß an diesem Checkpoint die Dorfbewohner die Futtersäcke holen, die mit den einzelnen Namen beschriftet sind. Wie soll ich also das Futter eines anderen Mushers benutzt haben und vor allem warum? Wie bei jedem Checkpoint habe ich Unmengen an Resten zurückgelassen, weil ich viel zu viel vorbereitet hatte. Das ist doch alles absurd.

Jérôme ist wie vor den Kopf geschlagen.

„Du wirst doch nicht 150 Kilometer vor dem Ziel aufhören!"

„Was ist schon dabei? Das Rennen ist zu Ende, eine reine Formalität ..."

Es wird sechs Uhr, sieben Uhr. Um acht Uhr, also etwa sechs Stunden, nachdem ich hier angekommen bin, beschließe ich plötzlich, weiterzufahren. Für Jérôme, für meine Hunde, um es zu Ende zu bringen, für mich, ganz einfach. Ich lasse Gao und Ukiok zurück, denn nach so viel Ruhe werde ich sehr schnell und in einem Rutsch nach Fairbanks kommen, das Tempo würden die beiden nicht lange mitmachen. Auch auf meinem Schlitten vergeht die Wut jedoch nicht. Dabei hätte diese Etappe eine schöne und entspannte Fahrt sein sollen.

Das hatten wir uns verdient.

Ich bin außer mir. Ich überhole meinen Konkurrenten, der zwei Stunden vor mir losgefahren ist, aber das ist mir jetzt vollkommen egal.

Ich erreiche North-Pole, 30 Kilometer vor dem Ziel, wo die Organisation einige Zelte aufgebaut hat, um die vorbeifahrenden Gespanne zu kontrollieren. Ich frage nach einem Telefon und werde mit dem Chef des Rennens verbunden. Es ist ihm peinlich, und er bittet mich, das Rennen bis zu Ende zu fahren. Ich lehne ab, solange er diese ungerechtfertigte Strafe nicht rückgängig macht.

Beim Rennen wie bei Ausfahrten muß man jede Gelegenheit nutzen, um die Hunde trinken zu lassen.

Frank weiß inzwischen, was passiert ist, und hat sich an den Schiedsrichter gewandt, der sich jetzt in einer unangenehmen Situation befindet.

Die Klage kommt von Trevor, dem Musher, dem Frank das Gespann junger Hunde geliehen hat. Wir haben unseren Proviant gemeinsam vorbereitet und die gleiche Verpackung, die gleichen Snacks, die gleichen Mengen, die gleichen Etiketten benutzt. In Eagle hat die Person, die für die Verteilung der Futtersäcke zuständig war, einen Fehler gemacht. Das war ganz einfach, denn unsere Säcke unterschieden sich nur durch einen halb verwischten Namen. Wenn Trevor begreift, was sich abgespielt hat, wird er seine Klage bestimmt zurückziehen, aber das Unglück ist nun einmal geschehen.

Ich bin außer mir vor Wut. Selbst die aufgestaute Müdigkeit hilft mir nicht, die Situation gelassen zu nehmen, und ich bin unausstehlich zu den Organisatoren, die mich im Ziel erwarten. Ich stoppe fünf Meter vor der *Finish*-Banderole und lehne es ab, über die Linie zu fahren, bevor ich nicht eine Erklärung gehört habe, die sie mir wiederum nicht geben wollen, bevor ich nicht die Linie überquert habe. Ein Teufelskreis.

Es ist drei Uhr früh, und die Organisatoren, die seit zwei Tagen nicht mehr geschlafen haben, haben es auch satt. Das ist wirklich ein übles Ende.

Eingeschnappt fahre ich über die Linie.

Epilog

Fairbanks ist in Sicht. Die Hunde wissen, daß wir es geschafft haben.

300 Meter vor dem Ziel bringe ich mein kleines Gespann an einer von der Ufervegetation leicht verdeckten Stelle zum Stehen, bevor wir weiter auf dem Fluß ins Zentrum von Fairbanks fahren.

In der Ferne erahne ich die Schatten der Funktionäre am Rande der *Finish line.*

„Jetzt haben wir es geschafft, ihr Hunde. Wir sind da. Das Rennen ist aus."

Ich nehme Torok in die Arme, küsse ihn liebevoll und lasse meine Finger durch das dicke Fell seiner imposanten Brust gleiten. Baikal leckt mir übers Gesicht, und Kurvik nähert sich vorsichtig. Er spürt, daß er es sich heute erlauben darf, seinen Platz zu verlassen, und ich sage es ihm auch, während ich den dicken Pawnee streichle.

„Komm, Kurvik, und du auch, Uktu."

Sie ziehen Wolk mit, und so bilden wir alle zusammen ein schönes, haariges Knäuel.

Ich setze mich zwischen ihnen in den Schnee und spüre, wie mich eine Welle der Rührung erfaßt.

Das, was da vorne hinter der Banderole auf uns wartet, ist nicht mehr wichtig.

Das hier ist unser Ziel, das einzige, was zählt.

Bravo, ihr Hunde!

Danksagung

Dieser „Winter im Eis“ wäre ohne die Unterstützung von *Pedigree Pal* nicht möglich gewesen. Ich möchte dem gesamten *Unisabi*-Team ebenso danken wie den Wissenschaftlern, die eine äußerst leistungsfördernde und auf die Bedürfnisse meiner Hunde bestens abgestimmte Ernährung entwickelten.

Unsere Hunde konnten erneut mit *Air Canada* reisen, deren Personal uns immer mit Herzlichkeit und Hilfsbereitschaft begegnet.

Das Ministerium für Tourismus des Yukon sowie die Kanadische Botschaft haben die Reisen der Journalisten erleichtert und unterstützt, bei deren Auftraggebern ich mich ebenfalls bedanken möchte. Ich danke *Paris Match, France Info, Libération* sowie *TF1, France 3* und *Doonerak's Runner*, die uns das Material – Schlitten und Zubehör – zur Verfügung gestellt haben.

Hinweis

Nicolas Vanier und seine Organisation, die ihren Sitz nunmehr bei Whitehorse in Kanada, inmitten der Rocky Mountains hat, bieten im Winter für Gruppen von zwei bis drei Personen Reisen mit dem Hundeschlitten an. Als Führer stehen ehemalige Mitglieder der Sibirien-, Kanada- und Lappland-Expedition zur Verfügung. Die Reisen führen auf den Spuren von Jack London auf verschiedenen Pisten durch die wilden Täler der Rocky Mountains.

Informationen erhalten Sie bei
Agence Laïka in Paris,
Telefon: 0033/1/42 89 32 64.